康僧會大師

高僧傳

誠感舍利顯佛力

編撰——周美華

【編撰者簡介】

周美華

國立中山大學（臺灣）中文系博士，湖北省黃岡師範學院文學院副教授。主要研究方向為秦漢史、秦漢簡牘、秦漢考古，著有《中國傳統人文精神》。主要教授課程：中國原典導讀、中外文化交流史等課程。

【「高僧傳」系列編輯序】

令眾生生歡喜者，則令一切如來歡喜

「為佛教，為眾生」六個字，乃是印順法師於臺北市龍江街慧日講堂（後因大門遷移，地址遷至朱崙街）為證嚴法師授予三皈依、並賜法名時的殷殷叮囑：「既然出家了，你要時時刻刻為佛教、為眾生。」

依證嚴法師解釋：「為佛教」是內修清淨行，「為眾生」則要挑起如來家業，走入人群救度眾生。因此法師稟承師訓，一心一志「為佛教還原教義，為眾生點亮心燈」，而開展慈濟眾生的志業。

歷代高僧之「為佛教、為眾生」

證嚴法師開創「靜思法脈，慈濟宗門」，並將其與「為佛教，為眾生」合釋：「靜思法脈」乃「為佛教」，是智慧；「慈濟宗門」即「為眾生」，是大愛。

進而言之，「靜思法脈，慈濟宗門」即菩薩道所強調的「悲智雙運」：「靜思法脈」是「智」，「慈濟宗門」是「悲」；傳承法脈、弘揚宗門就要「悲智雙運」，積極在人間發揮慈、悲、喜、捨四無量心。此亦即慈濟人開展四大志業、八大法印時的根本心要。

由其強調「悲智雙運」可知，「靜思法脈，慈濟宗門」並非標新立異，而是傳承佛陀教法以及漢傳佛教歷代高僧的教誨——包括身教與言教，並要求身心皆徹底踐履。為了讓世人明瞭慈濟宗門之初心與悲願，也讓這些歷代高僧的事蹟與精神更廣為人知，大愛電視臺秉持證嚴法師的信念，於二〇〇三年起陸續製作《鑑真大和尚》與《印順導師傳》動畫電影，將佛教史上高僧大德的動人故事，經由動畫電影的形式，傳遞到全世界。

因為電影的成功，大愛電視臺進一步籌畫更詳盡的電視版〈高僧傳〉——採取臺灣民眾雅俗共賞的歌仔戲形式。〈高僧傳〉的每一部劇本都是經過數個月的資料研讀與整理，縝密思考後才下筆，句句考證、字字斟酌。製作團隊感受到每一位大師皆以身作則、行菩薩道的特質，希望將每位高僧的大願與大行傳遍世界。

然而，不論是動畫或戲劇，恐難完整呈現《高僧傳》中所載之生命歷程，以及諸位高僧與祖師之思想以及對後世之貢獻。因此，慈濟人文志業中心便就〈高僧傳〉歌仔戲所演繹過的高僧，以《高僧傳》及《續高僧傳》之原著為基礎，含括了日、韓等國之佛教史上的知名高僧，編撰「高僧傳」系列叢書。我們不採取坊間已有之小說體形式，而是嚴謹地參照人物評傳的現代寫法，參酌相關之史著及評論，對其事蹟有所探討與省思，並將其社會背景、思想及影響皆納入，雜揉編撰，內容包括高僧的生平、傳承及主要思想或重要經典簡介。從中，我們不僅可以讀到歷代高僧的智慧與悲心，亦可一覽相關的佛教史地、典籍與思想。

在編輯過程中，我們可以看到歷代高僧之「為佛教，為眾生」：鳩摩羅什飽受戰亂、顛沛流離，仍戮力譯經，得令後人傳誦不絕，乃是為利益眾生；玄奘歷萬里之險取得梵本佛經、致力翻譯，其苦心孤詣，是為利益眾生；鑑真六次渡海欲至東瀛傳戒，眼盲亦不悔，是為利益眾生；六祖惠能隱居十五載以避害身之禍，只為弘揚如來心法，並言「佛法在世間，不離世間覺；離世求菩提，猶如覓兔角」，亦是為利益眾生……

這些高僧祖師大可獨善其身、如法修行以得解脫，為何要為法忘身、受諸逆境而不退？究其根本，他們不只是為了參究佛法，而是深知弘揚大乘佛法的目的乃在於大慈大悲地度化眾生、讓眾生能得安樂；若不能讓眾生同霑法益，求法何用？如《大智度論．卷二七》所云：

一切諸佛法中，慈悲為大；若無大慈大悲，便早入涅槃。

由此可知，就大乘精神而言，「為佛教」即應「為眾生」，實為一體之兩面。

「大悲」為「諸佛之祖母」

除了歷代高僧之示現，「為眾生」之菩薩道的實踐，於經教中更是多不勝數、歷歷可證。例如，《無量義經．德行品第一》便說明了菩薩作為眾生之大導師、大船師、大醫王之無量大悲：

無量大悲救苦眾生，是諸眾生真善知識，是諸眾生大良福田，是諸眾生不請之師，是諸眾生安隱樂處、救處、護處、大依止處。處處為眾作大導師，能為生盲而作眼目，聾劓啞者作耳鼻舌；諸根毀缺能令具足，顛狂荒亂作大正念。船師、大船師運載群生渡生死河，置涅槃岸；醫王、大醫王，分別病相曉了藥性，隨病授藥令眾樂服；調御、大調御，無諸放逸行，猶如象馬師，能調無不調；師子勇猛，威伏眾獸，難可沮壞。

如來於《法華經．觀世音菩薩普門品》中宣說，觀世音菩薩更以三十三種應化身度化眾生：

佛告無盡意菩薩：善男子，若有國土眾生，應以佛身得度者，觀世音菩薩即現佛身而為說法；應以辟支佛身得度者，即現辟支佛身而為說法；應以聲聞身得度者，即現聲聞身而為說法；應以梵王身得度者，即現梵王身而為說法；應以帝釋身得度者，即現帝釋身而為說法……應以天龍、夜叉、乾闥婆、阿修羅、迦樓羅、緊那羅、摩侯羅伽、人非人等身得度者，即皆現之而為說法；應以執金剛神得度者，即現執金剛神而為說法。無盡意，是觀世音菩薩成就如是功德，以種種形遊諸國土，度脫眾生，是故汝等應當一心供養觀世音菩薩。是觀世音菩薩摩訶薩，於怖畏急難之中能施無畏，是故此娑婆世界皆號之為施無畏者。

為何觀世音菩薩要聞聲救苦？因為菩薩總是「人傷我痛、人苦我悲」，恆以「利他」為念。如《大丈夫論》所云：

菩薩見他苦時，即是菩薩極苦；見他樂時，即是菩薩大樂。以是故，菩薩恆為利他。

正是因為這般順隨眾生、「以種種形」而令其無畏的無量悲心，讓觀世音菩薩受到漢傳佛教乃至於華人民間信仰的共同崇敬。慈濟人之所以超越貧富、超越國界、超越宗教地去關懷與膚慰需要幫助的生命，便是效法觀世音菩薩無量悲心、無量應化的精神。

在《法華經．普賢菩薩勸發品》中發願、將於佛滅後守護及教導受持《法華經》之眾生的普賢菩薩，於《華嚴經．普賢行願品》中則教導善財童子如何供養諸佛，亦揭示了如來、菩薩、眾生的關係：

於諸病苦，為作良醫；於失道者，示其正路；於闇夜中，為作光明；於貧窮者，令得伏藏。菩薩如是平等饒益一切眾生。何以故？菩薩若能隨順眾生，則為隨順供養諸佛；若於眾生，尊重承事，則為尊重承事如來；若令眾生生歡喜者，則令一切如來歡喜。何以故？諸佛如來，以大悲心而為體故。因於眾生，而起大悲；因於大悲，生菩提心；因菩提心，成等正覺。……若諸菩薩，以大悲水饒益眾生，則能成就阿耨多羅三藐三菩提故。是故菩提，屬於眾生；若無眾生，一切菩薩終不能成無上正覺。善男子，汝於此義，應如是解。以於眾生心平等故，則能成就圓滿大悲；以大悲心隨眾生故，則能成就供養如來。

《大智度論．卷二〇》亦云，佛陀強調，大悲心乃是諸佛菩薩之根本，具大悲心方能得般若智慧，亦方能成佛：

大悲，是一切諸佛、菩薩功德之根本，是般若波羅蜜之母，諸佛之祖母。菩薩以大悲心，故得般若波羅蜜；得般若波羅蜜，故得作佛。

「菩薩若能隨順眾生，則為隨順供養諸佛；若於眾生，尊重承事，則為尊重承事如來；若令眾生生歡喜者，則令一切如來歡喜。」閱及此段，不禁令人深深體會證嚴法師之智慧與悲心：慈濟宗門四大、八印之聞聲救苦、無量應化地「為眾生」，也是同時「為佛教」地供養諸佛、令一切如來歡喜啊！

歷代高僧雖未如慈濟宗門般推動慈善、醫療、乃至於環保、國際賑災等志業，乃因其時空因素，欲度化眾生先以弘揚大乘經教與法義為重；現今經教已備，所須的乃是效法菩薩道之力行實踐！慈濟宗門便是上承歷代高僧與經論之教法，推動四大、八印，行菩薩道饒益眾生，以此供養如來。

換言之，歷代高僧之風範、智慧及悲願，為佛教，也為眾生，此即諸佛菩薩之本懷，亦為慈濟宗門之本懷！這便是《高僧傳》系列叢書所欲彰顯者。

遙企歷代高僧儼然身影，我們可以肯定：為眾生，便是為佛教；為佛教，一定要為眾生！

【推薦序】

佛教中國化的重要一頁

——陳志平（湖北省黃岡師範學院文學院院長）

周博士所撰寫的《康僧會大師》，是一部專以學術史的角度，將三國時期從交趾至東吳建業傳揚佛法的高僧康僧會，其一生在中國佛教史上的歷史定位，從歷史、地理、考古、康僧會所編譯的佛經，以及康僧會在儒、釋、道三教的貫通上，使「佛教中國化」得以被確立，以致形成唐代詩人杜牧所形容「南朝四百八十寺，多少樓臺煙雨中」之盛況的歷史原因及其脈絡，予以完整而系統的說明。

此外，藉由周博士以大量的歷史、地理及考古所進行的分析，使三國時期江南至交趾的水路交通狀況，可以得到更清晰的梳理。也正是因這項梳理，使我們認識到，秦始皇時期，江南的水陸交通儘管早已開鑿，但從交趾北上，不僅得翻越極險峻的鬼門關，還得走過一段又一段湍急而迂迴的水路；若不是有極大的願心和極大的勇氣，誰會甘冒如此險阻，願意從交趾一路走到建業傳法。學術史上對這項內容的梳理比較欠缺；但若少了這一段，對康僧會至江南傳法的堅決與毅力，便無法得著更全面的認識。

傳世文獻關於康僧會的記載，確實相當貧乏。目前學界對康僧會的研究，成果比較顯著的是越南僧侶；他們在康僧會的研究上，更看重的是康僧會所受佛教教育的傳承，以及康僧會所編譯的佛經，內容受到越南民間故事的影響程度。這些研究成果，固然可幫助我們對康僧會所編譯的佛經有更廣泛的解讀角度；但對康僧會何以能被梁代釋慧皎收入《高僧傳》中、成為中國佛教史上的一代高僧，恐怕仍是無法得著全面而充分的認識。

藉由周博士《康僧會大師》一書的研究，使我們可以清楚地認識到，「佛教中國化」之所以能在江南紮根、使江南能為佛教而專門興建寺院，又令「寺」從官署轉變成為佛寺的專屬代稱，使原本對佛教還相當陌生的江南，終於成了佛教傳播的重要搖籃，這個根基的確立，竟是在一位出生、成長、受教及出家都在交趾的康居國人康僧會手中所成就的。

康僧會的祖上早從康居國移居天竺（今印度）經商，之後康僧會的父親康北沙，又從天竺轉移至東漢時期交州的交趾經商和定居。當時的神州大地，正經歷著戰火；所幸交州郡太守士燮，對北方南下避難的讀書人格外的照顧和禮遇，使得交州在當時成為中國傳統文化被大力傳承和發展的重要據點。

正因如此，在交趾出生，又得士燮為康僧會挑選名師教導的優勢條件下，使得原本即相當聰穎又極好學的康僧會，四十歲時便已將儒、釋、道三教完全融會貫通。這個極重要的關鍵性條件，促使了康僧會既得以實現其北上傳法的具足條件，也讓於「佛教中國化」上推波助瀾。這個最關鍵的成果，就展現於康僧會所選定而加以編譯的《六度集經》。

《六度集經》雖都是佛陀前世的本生故事，但有些故事的內涵，是與儒家和道家思想特別相近。當時的知識分子一旦讀到《六度集經》，便會自然而然地與所受的中國傳統文化進行著思想性的連結。正因如此，周博士在本書第二部分之壹「展現救世精神的《六度集經》」裡，才會在某些與儒、道家思想最貼近的故事下，進行儒家及道家思想的說解；目的就是為凸顯出，康僧會在當時極迫切需要翻譯佛經的歷史條件下，何以會特別挑選《六度集經》進行編譯的極重要關鍵。康僧會想讓佛教的某些內容，能先與儒、道兩家思想進行相當的串聯和融合，甚至將佛教予一定程度的中國化，如此才能便於知識分子接受和學習。

透過周博士的研究，也使我們能認識到，令大、小乘佛法能在漢地得已逐漸完全融合，亦是康僧會在佛教思想上的一項重要工作。正當大、小乘佛法還在當時的佛教世界裡爭論不休時，康僧會卻能在譯經上為兩者進行融合。如此創舉，除了使大、小乘佛法的爭論可在尚非佛教世界的漢地得到某種程度的解消，也能令大、小乘佛法得著開創性的調和，可說是佛教在中國歷史上的重要一頁。

值得一提的是，大部分對康僧會的研究，幾乎較少梳理到敦煌莫高窟三二三石窟《康僧會建業布教圖》。周博士在本書第二部分之貳中，卻能在史料的基礎上說解這幅圖，使我們對康僧會在佛教史上的地位能有更深刻的認識，這也是本書的一大特色。

周博士的《康僧會大師》，將我們對康僧會從陌生一步步帶到了熟悉，瞭解康僧會何以能成為高僧的關鍵。康僧會這位在交趾出生、成長、受教和出家的康居國人，對中國文化與佛法所進行的融合與交流，實是中國佛教史上的重要歷史樞紐。

【編撰者序】

「佛教中國化」的大功臣！

《高僧傳》的出現，不僅將自古以來的佛教典範偉人一一記錄下來，同時也記下了佛教中國化的重要歷史進程。

佛教自漢代傳入中國後，便一直處於極尷尬的局面，不僅上層貴族弄不明白，飽受儒、道思想教育的知識分子也會自然而然地抗拒，使得佛教思想的傳播一直在中華大地上形成了極大的障礙。正因如此，如何讓佛教能在中華大地上被認可、被傳播、被重視，並形成一普及的思想，便成了歷代高僧所要努力的極重要目標。

國籍康居、卻出生在中華大地上的康僧會，因父親曾在天竺經商，便使他自幼耳濡目染地學習到天竺所傳入的佛教思想；此外，康僧會也都更有機會學習和掌握天竺等異域的語言、文字、經典及思想。當然，要孕育出一代高僧，絕對也得有著某些特殊際遇。在康僧會出生和成長的交趾郡，可說是中國歷史上第二個諸子百家再度齊放的重要搖籃；因為，儒、道及諸子百家的經典與思想，全都有郡守士燮的大力支持與維護。

於交趾出生和成長的康僧會，雖是個外國人，卻也是個土生土長於中華大地、又可得著最全面中華傳統文化薰陶的幸運之人。「中學為體，西學為用」的概念，雖是到了晚清由洋務派的代表張之洞所提出；但遠在三國時期的康僧會，其實便已具備這項極超越的獨特條件。康僧會的異國底子，以及深厚的中華文化學養，都使他在當時的佛教傳播上，自然而然地接棒了另一異國高僧安世高所致力發展的佛教中國化工作。

佛教唯有中國化，才能在中華大地上被接納和廣傳。之前從西域前來的外國僧侶，之所以無法順利地傳揚佛法，最主要的關鍵就在他們少了安世高和康僧會所具有的中國文化學養；因此，佛教中國化的工作，便只有於安世高和康僧會才能展現成效。其中，康僧會又比安世高更見成效；因為，安世高所傳的是「小乘」佛法，康僧會則是將「大乘」與「小乘」相互融合。如此一來，與中華傳統文化的精神和內涵才能更為相互融通，這才是令佛法足以跨出傳播困境的一重要步履。

正因如此，康僧會在譯經工作上，便特別選定了與儒、道思想更易融通的《六度集經》。為了將康僧會的譯經與中國文化相互融通之原因更為充分地展現，筆者在第二部分之壹「展現救世精神的《六度集經》」裡，即參酌了學界對《六度集經》所進行的修訂，使其故事內容得以和中國的儒、道兩家經典有更充分的連結。此外，筆者還在每則本生故事下徵引了與之相應的儒家及道家思想，是為了要讓讀者能更清楚明白，康僧會在譯經工作上何以能形成「格義佛教」的效用。這是佛教得以在中華大地上最終能朝「佛教中國化」發展、還能讓佛法傳播大大開展的極重要關鍵。

《高僧傳》對康僧會大師生平的記載雖是極其有限，但敦煌莫高窟第三二三石窟的《康僧會建業布教圖》，卻展現了康僧會大師一生的傳法歷程。筆者於第二部分之貳特闢一章節介紹《康僧會建業布教圖》，是想表達：康僧會之布教足以被畫入莫高窟，豈不說明了康僧會於東吳宣教在中國佛教史上的重要性！這也是世界佛教史上應當被頌揚的重要史實。

目錄

「高僧傳」系列編輯序
令眾生生歡喜者，
則令一切如來歡喜 003

推薦序
佛教中國化的重要一頁 陳志平 012

編撰者序
「佛教中國化」的大功臣！ 018

示現
第一章 出生與成長 029

皓（孫皓）問曰：「佛教所明，善惡報應，何者是耶？」會對曰：「……《易》稱：『積善餘慶。』《詩》詠：『求福不回。』雖儒典之格言，即佛教之明訓。」

成長的故鄉——交州 031
家世背景 034
於交趾深植儒家文化的士燮 045
於交州積澱深厚國學素養 054
第二章 南越國的形成與發展 065

交阯士府君既學問優博，又達於從政，處大亂之中，保全一郡，二十餘年疆場無事，民不失業，羈旅之徒，皆蒙其慶，雖竇融保河西，曷以加之？

秦始皇征服嶺南 068
南越國的形成 073
南越國與大漢王朝的融合與對立 085
漢武帝正式收回南越國 089
東漢末年至三國時期的嶺南發展 094

第三章　佛教傳入中國的初期歷史與發展

107

交趾一方通天竺。佛法初來，江東未被，而嬴樓又重創，寶刹二十餘所，度僧五百餘人，譯經十五卷。以其先故也，於時則已有比丘尼摩羅耆域、康僧會、支彊梁接、牟博（牟子）之屬在焉。

佛教的創立 104
佛教如何傳至中國 114
佛教傳入中國的初期階段 122
最早傳入中土的佛教論書 143
東漢末年譯經概述 152

第四章　康僧會北上南京傳法

181

會曰：「如來遷迹，忽逾千載，遺骨舍利，神曜無方，昔阿育王起塔，乃八萬四千。夫塔寺之興，以表遺化也。」

向孫權傳法 184
向孫皓傳法 205
江南第一寺院——建初寺昔今 214

影響

壹・展現救世精神的《六度集經》 231

眾祐知之，為說：「菩薩六度無極難逮高行，疾得為佛。何謂為六？一曰布施，二曰持戒，三曰忍辱，四曰精進，五曰禪定，六曰明度無極高行。」

《六度集經》概說 234
布施——布施度無極章第一 240
持戒——戒度無極章第二 261
忍辱——忍辱度無極章第三 275
精進——精進度無極章第四 296
禪定——禪度無極章第五 313
智慧——明度無極章第六 328
與儒、道思想的共鳴 361

貳・康僧會在中國佛教史上的地位與影響 365

會自往視，果獲舍利；明旦呈權，舉朝集觀。……權大嗟服，即為建塔；以始有佛寺，故曰建初寺，因名其地為佛陀里。由是江左大法遂興。

《康僧會建業布教圖》 366
敦煌莫高窟
康僧會在中國佛教史上的重大影響 374

附錄

康僧會大師年譜 388
參考資料 392

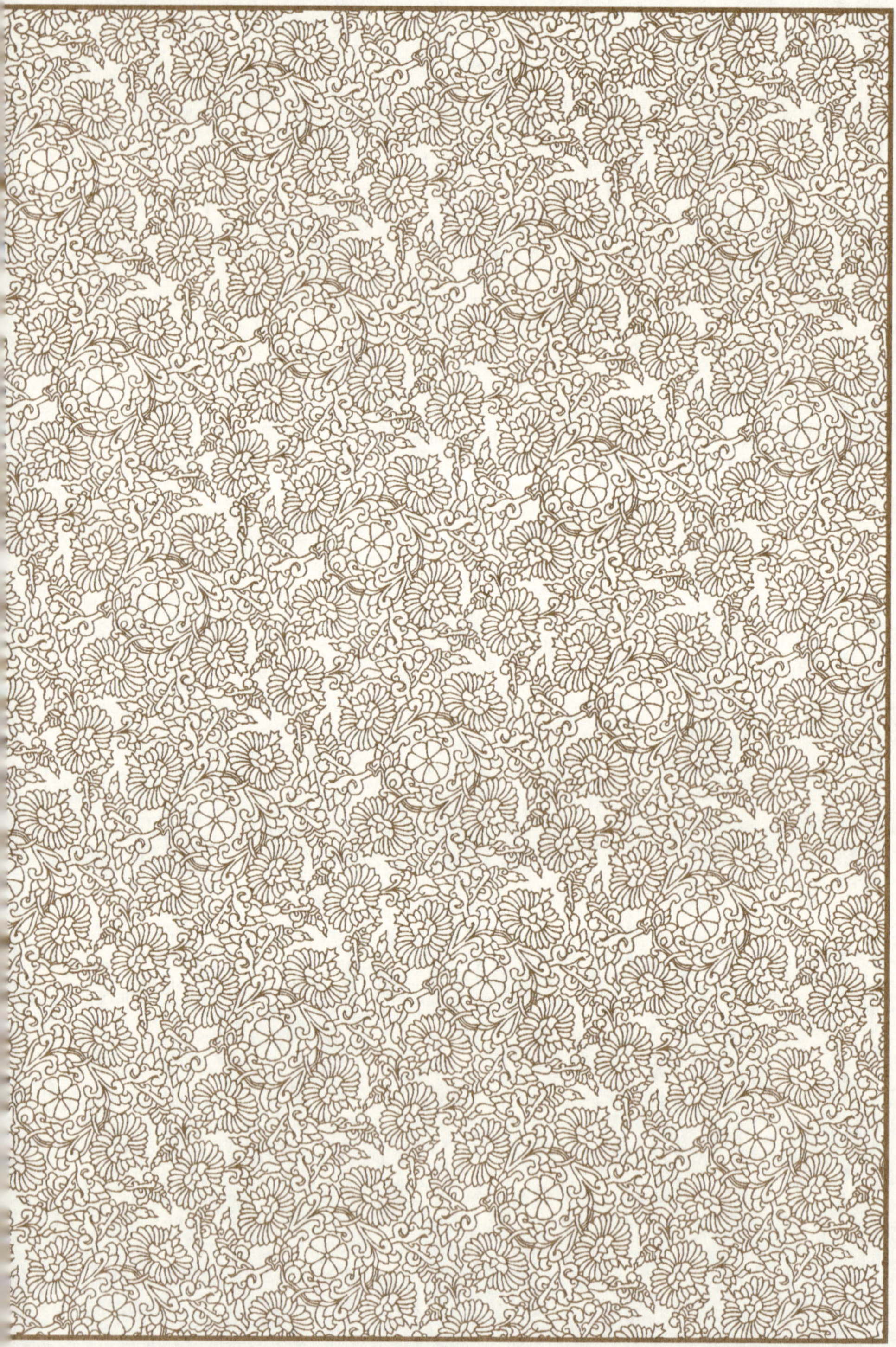

示現

第一章　出生與成長

皓（孫皓）問曰：「佛教所明，善惡報應，何者是耶？」會對曰：「……《易》稱：『積善餘慶。』《詩》詠：『求福不回。』雖儒典之格言，即佛教之明訓。」

漢獻帝建安十二年（西元二〇七年），一位深切影響著中國佛教傳承的重要高僧——康僧會，在地處偏南的交趾郡誕生了。

康僧會的誕生，沒有任何神話傳說，也沒有任何奇特的天象預示。他如同一般的孩子，在一個尋常人的家裡出生，但他的教育及成長環境，卻是在當代，連王宮貴族都未必能奢望的，一切條件都已為之聚足的最佳理想。

成長的故鄉——交州

東漢末年，群雄混戰，最後出現了三國鼎立的局面。這三國分別是：

一、以曹操為首的曹魏，擁立漢獻帝為政治傀儡，挾天子以令諸侯，佔據著江北的廣大地區。建安二十五年（西元二二〇年），曹操去世，其子曹丕篡漢建立魏國，以洛陽為都，自立為帝，就是「魏文帝」。

二、以劉備為首，佔領益州、漢中一帶，於西元二二一年自立為皇帝，建都成都，自稱為「漢」皇帝，建立蜀國。

三、以孫權為首，占據江南廣大地區，於西元二二二年建立吳國，建都武昌，後又遷都建業（今南京），自稱吳王，此即「吳大帝」。

天下便因此分成了十三州：幽州、冀州、并州（朔方）、涼州、青州、兗州、隸司、徐州、豫州、揚州、荊州、益州、交州（交趾）。

這十三州中，唯獨「交州」，就像個世外桃源一般；不僅始終遠離戰火，偏安於一隅，還成了北方經學和道統的發揚地；從天竺而來的佛教，也藉著貿易鼎盛的海上絲綢之路，來到了交趾（或交阯，約今越南北部紅河三角洲）。從天竺來此經商的商人，除了帶來豐富的物資及各種文明，同時也帶進了之後在交趾建立羸樓（今河內）佛教中心的僧人。

交州的繁華、昌盛、繽紛、多彩，不僅是史上難得可貴的一頁，也是全世界都難以見到的局面和淨土。實在很難想像，交州以北已是「白骨露於野，千里無雞鳴；生民百遺一，念之斷人腸」；而偏安於一隅的交州，卻像是在另一個時空下的世界；不僅百姓安居樂業，學術思想還可在此盡情地發展和茁壯；連遠洋的商人，都情願飄洋過海地來此經商，甚至還要世世代代定居於此。

正因交州有著如同傳說般的繁華和安定，從天竺來的一位康居國商人——康北沙，才會既想定居於此，還要他的兒子在交州學習；因為，此處有著他眼中所見、當時最為完備的中華傳統文化教育。

一個已走遍不知多少國家、不知已閱盡多少文明的康北沙，最終竟選擇在交州定居；這便說明，交州的昌盛、文明及安定，在當時已絕非是西域等國家可以比擬的。奇妙的是，此時的中國，明明是戰火接連的亂世，交州縱然是位居最南方，也未必便可偏安於一隅。

因此，交州的一切美好，與其說是地理環境的造就，還不如說是人為因素的促成——造就康僧會成為一代高僧的關鍵性人物。

家世背景

從「康僧會」這名字不難看出：他是康居國（漢代西域大國，約位於今新疆北境以及中亞部分地區）人，故姓「康」；因為是僧人，所以名字中有個「僧」字。

在唐代釋靖邁所撰寫的《古經譯經圖紀》中說，沙門康僧會是康居國大丞相之長子。這個說法其實是不正確的；康北沙家族，世世代代都是從商，就只是個「尋常百姓家」。

康居國的地理位置

康居國位在現今的巴爾喀什湖和鹹海之間，也就是哈薩克與烏茲別克境內。其南方是大月氏，東北有安息國，東邊有烏孫和匈奴，西邊是奄蔡。康居國的南部以農耕為生，北部為游牧區，所以它是農耕與游牧文化相互交錯的地帶。

據《晉書．西戎傳》記載：

康居國在大宛西北可二千里，與粟弋、伊列鄰接。其王居蘇薤城，風俗及人貌、衣服略同大宛。地和暖，饒桐柳蒲陶，多牛羊，出好馬。

又據《史記．大宛列傳》記載：

康居在大宛西北可二千里，行國，與月氏大同俗。

漢武帝派張騫出使西域時，康居國還相當弱小，故得對大漢上貢。不過，康居國畢竟位在中亞各國的交通要道上，加上康居人又擅長經商；因此，到了西元前一世紀末左右，康居國便開始逐漸昌盛，不僅人口達到六十萬，還又擁有高達十六萬的雄兵。發展到一世紀中葉，日漸壯大的貴霜帝國，在經濟上據有強勢地位後，康居國的國勢才因此逐漸走向衰微。

受貴霜帝國及海上絲綢之路發達的影響，日漸衰微的康居國人轉向經商致富，成了當時的普及現象；康家的歷代世祖，也正追隨這個歷史潮流，才登上了經商的舞臺。梁代釋慧皎（西元四九七至五五四年）的《高僧傳》指出：「（康僧會）其先祖康居人，世居天竺，其父因商賈移於交阯。」也就是說，康北沙雖然是康居國人，但他的歷代先祖早就已移居至天竺（今印度）經商；到了康北沙時，才又遷徙至交趾經商和定居。

康北沙決定在交趾經商及定居，說明了交趾當時的安定與繁華早已聞名國際，致使各國商人皆紛紛以其做為心儀的定居首選；至於經商，則與當時交趾所處的重要地理位置有關。交趾在今天的越南北部，正好位在中、印兩大文明古國的中間；當時，中、印兩國的商隊往來，多是以交趾做為落腳點，不僅可在此相互學習語言、交化，還能做為貨物的轉運點，以及商貿的交易點。

因為交趾的地理位置如此重要，使它又贏得了另一個名字：「印度支那」。兩漢之交時，大漢與國際間的貿易往來早已相當暢旺；到了東漢，海上絲綢之路也發展地更成熟，使大漢與印度、南亞及羅馬等國的商貿往來更是頻繁。中國所盛產的絲綢和瓷器，深受西方貴族富商所喜愛，而印度、希臘及羅馬等地所盛產的香料、染料、胡椒以及象牙等，也在中國大受歡迎。於是，東、西兩方的海上貿易，便自然而然地滙集在交趾，使交趾得以發展成重要的商貿及文化轉運點。

康北沙至交趾販賣珍珠

康北沙什麼時候來到交趾從商，由於欠缺相關史料，後人很難進行具體考證。不過，在《後漢書》裡的一段記載，卻是相當值得我們注意：

土出象、犀、玳瑁、金、銀、銅、鐵、鉛、錫，西與大秦通，有大秦珍物，又有細布、好毾、諸香、石蜜、胡椒、薑、黑鹽。和帝時，數遣使貢獻；後西域反畔，乃絕。至桓帝延熹二年、四年，頻從日南徼外來獻。

另《梁書》在描述「大秦國」時也說：「其國人行賈，往往至扶南、日南、交阯。」《南史》也記載：「後漢桓帝世，大秦、天竺皆由此道遣使貢獻。」「大秦」指的是羅馬帝國，約在東漢桓帝時，從羅馬、天竺及西域各地的商人，多會到交趾經商；或許，康北沙就是在如此背景下，順應著世代潮流，也隨之從印度轉往至交趾經商和定居。

康北沙二十多歲時來到交趾，便自然地依據當地的地理條件做起珠寶生意。秦、漢時期，交趾、合浦不僅是南珠的盛產地，也是南珠貿易的大本營。《後漢書．孟嘗傳》載：「（合浦）郡不產穀實，而海出珠寶，與交阯比境，常通商販。」直到今日，嶺南養殖海珠依舊十分興旺；這裡所出產的「馬氏珍珠貝」，不僅產量高，還珠光晶瑩，成了南珠的上乘珍品。

南珠的品質所以更勝北珠，關鍵就在南珠是以海水養殖，珠身便可更渾圓剔透、平滑多彩。最上品的南珠，還會閃耀著泛泛金光；有些南珠甚至會透出一種特殊金屬光澤，奪目卻不刺眼，被稱之為「璫珠」。歷朝歷代，南珠都成為皇室的珍品；故而，明代史學家屈大均在他的《廣東新語》一書中就強調：「東珠不如西珠，西珠（又更）不如南珠」。漢高祖劉邦的皇后呂后特別喜愛南珠，貴戚間也常以南珠相互饋贈，由此可知南珠的耀眼奪目及其品相之優越。

許多遭流放而至此的中原人士，萬萬沒料到，這被視為蠻荒的嶺南之地，竟反倒是發家致富的寶地，大家因此轉為幹勁十足，瞬間多發展為販賣南珠的富商。

話說漢成帝登基後，因只耽於享樂，便將政務全都交托給其舅父大將軍王鳳。王鳳既已完全把持朝政，便讓自己的四個兄弟全都位居要職，以致形成了「王鳳專權，五侯當朝」的局面；就連之後亂政而篡漢的王莽，也是由王鳳一手所提拔和栽培。

當時，京兆尹王章，對王鳳把持朝政的亂象甚為憂懼，便上呈密封奏章，以彈劾大將軍王鳳，期盼漢成帝能將亂政的王鳳罷黜，以另擇賢人。孰料消息走漏，王鳳震怒，便誣陷王章犯下了大逆不道罪行，將其押解獄中，嚴刑拷打致死。王章已死，王鳳仍不解恨，便將王章妻小全都流放至瘴氣充斥、十人去恐九人皆難返回的嶺南。

之後王莽當權，也跟著仿效王鳳，對政敵或加以屠殺，或流放嶺南。當時，連國丈、駙馬都不得倖免，王侯及高階官員遭流放至嶺南者也就更不在話下了。

這些遭流放的王公貴族及達官貴人到了嶺南後，都驚訝異常；因為，他們原本以為，百越聚集之地應當是蠻荒、窮困，無以為生；卻沒料到，充滿瘴氣的嶺南，竟是富庶得令人難以置信。

其實，自秦始皇起，一直到漢末，一撥又一撥的中原人士來到嶺南後，除了將中原的大量文化和文明帶入，他們也在這塊濱海之地從事國際貿易和販賣南珠。遭王鳳流放至嶺南的王章之妻，還不到十年光景，就以從事採珠和販珠積累至數百萬的資產。

康北沙雖是從天竺移居至中華大地經商的外國人，他的視野卻格外開闊，並非僅停留於經商致富。他所攜帶的傳家之寶裡，有著一釋迦牟尼畫像的捲軸；由此便可看出，生命的意義與終始，才是康北沙更為關切的問題所在。

當時的交趾郡太守士燮，人品與操守都極為崇高。擔任四十多年的太守，不僅使交趾免於戰亂，他的寬厚、仁德也吸引著許多北方士子，甘願冒著得穿越「鬼門關」的巨險，前來交趾避難。

「鬼門關」指的是一道交州的天險。西元前二一四年，秦始皇完成了一通三江、貫五嶺的巨大工程——挖通「靈渠」。靈渠挖通後，便可由東向西，連接湘江和漓江水系，使中原與嶺南之間終於開啟了連接的通道，以形成交流局面。

到了漢武帝時，對靈渠的利用更是頻繁。船隻從長安出發，沿著沔水進入至長江後，經洞庭湖和湘江，就能從靈渠走到灕江，再進入到北流江。進入北流江後，再走陸路，穿越過最艱難的「鬼門關」，才可進入至南流江。順著南流江而下，就可抵達合浦郡；由合浦郡再向西南行，便能到達交趾。「鬼門關」就位在今廣西省壯族自治區的北流市境內，它是當時通往欽州、合浦、雷州半島和海南島的必經之路。

為什麼稱為「鬼門關」呢？因中原人進入嶺南時，受不了嶺南的瘴癘之氣，故有「十人去，九不還」的說法。後來，大家覺得「鬼門關」這名字太不吉利了，才將其改名為「天門關」。

正是因這天門關的屏障，使嶺南地區幸運地躲開了來自中原的群雄爭戰。當然，除了地理因素，統領著交州卻低調異常且謙恭有禮的太守士燮，也是影響嶺南地區能偏安一隅的極重要關鍵。

士燮的眼界、能力、學養及人品，都充分地展現了他能知行合一，使所學可具體又靈活地發揮於各層面。士燮雖是受傳統的儒家教育，卻能將儒家思想發揮也開拓得更充分，這即是孔子最倡導的：「君子之於天下也，無適也，無莫也，義之與比。」（《論語．里仁》）意即，孔子強調，君子處事，絕不可被任何框架局限，必須以「義」做為權衡依據；唯有如此，才能靈活也合宜地做出最佳決策。

這位士燮，就是前文提及、造就康僧會的關鍵性人物。他與康北沙深交，為康僧會選擇最優秀的師資，又使康僧會能在最安定、學術氛圍最昌盛的環境下學習和成長。

於交趾深植儒家文化的士燮

士燮，字威彥，蒼梧廣信人（今廣西壯族自治區梧州市），東漢末年被封為「龍度亭侯」，之後又被東吳封為「龍編侯」。士燮的祖上原是山東汶陽人，東漢末年為躲避王莽之亂，便舉家遷移交州。士家在交州發展至第六代的「士賜」（士燮父），已是相當興旺，而成了當地的豪族；漢桓帝時，士賜還被任命為日南郡太守。

漢桓帝的這個任命，使得嶺南地區得到了最優勢的發展，對交州日後的昌盛，無疑奠定了最穩固的根基。「日南郡」（位於今越南中部地區）是西南海上絲綢之路上的一極重要據點，位在交州最南端，是秦始皇時所設置「象郡」的一部分。據《梁書．諸夷．南海諸國列傳》記載：

漢元鼎中，遣伏波將軍路博德開百越，置日南郡。其徼外諸國，自武帝以來皆朝貢。後漢桓帝世，大秦、天竺皆由此道遣使貢獻。及吳孫權時，遣宣化從事朱應、中郎康泰通焉。其所經及傳聞，則有百數十國，因立記傳。

漢武帝平定南越國宰相呂嘉的叛亂後，就將南越國的領地畫分成南海、蒼梧、鬱林、合浦、交趾、九真、日南等七郡。其中的「交趾、九真、日南」三郡，位在今天的越南境內，依次由北向南，日南郡位在最南端。

漢代海上絲綢之路所航運的船隻，最早都是在廣西的合浦郡（轄境約今廣西北部灣沿海和廣東湛江、陽江地區）內製造。船隻體形不大，加上當時對於季風航海技術的掌握還不夠成熟，使得船隻便只能沿著岸邊行駛；從歐洲、東南亞及南亞來華的諸多船隻，抵達漢帝國的第一站便是最南端的日南郡。

日南郡不僅是海上絲綢之路的轉運站，也是重要的貿易站。當地所盛產的珍珠、香料、象牙、犀角、玳瑁、珊瑚、琉璃、鸚鵡、翡翠、孔雀等，既深受中原皇家貴族所喜好，也是各國爭相購置的珍品。

日南郡不僅貿易暢旺，還無戰亂干擾，士賜、士燮父子又皆溫文有禮、禮賢下士，北方的知識分子便多聞風而避難於此；此外，士氏家族確實也將交趾治理成一片難得的淨土。在《三國志．吳書四．劉繇太史慈士燮傳》裡就記下了當時的盛況：

燮體器寬厚，謙虛下士，中國士人往依避難者以百數。耽玩《春秋》，為之注解。陳國袁徽與尚書令荀彧書曰：「交阯士府君既學問優博，又達於從政，處大亂之中，保全一郡，二十餘年疆埸無事，民不失業，羈旅之徒，皆蒙其慶；雖竇融保河西，曷以加之？官事小闋，輒玩習《書傳》，《春秋左氏傳》尤簡練精微，吾數以咨問《傳》中諸疑，皆有師說，意思甚密。又《尚書》兼通古今，大義詳備。聞京師古今之學是非忿爭，今欲條《左氏》、《尚書》長義上之。」其見稱如此。

士氏家族在北方的家學淵源，到了交州後也從未中斷；因此，到了士賜這一代，便利用郡守的職位，使中華文化更徹底地被傳揚；這對士燮的學養及日後的施政，都有著深切影響。

士燮自幼便追隨潁川劉陶學習《左氏春秋》，學成後被舉為「孝廉」，補尚書郎。士賜去世後，士燮被舉為茂才，擔任巫縣縣令；中平四年，則被朝廷任命為交趾郡太守。

士燮擔任交趾郡太守，對中華文化及經典的傳承都貢獻極大。子夏言：

「仕而優則學，學而優則仕。」在士燮身上都體現得甚為徹底。士燮所精通的兩部經典《尚書》及《左傳》，皆是儒家用於施政的重要指導；士燮不僅對兩部經典學有所成，還在交州的領地上，將施政要領皆落實得非常成功。

凡從中原到來的知識分子，士燮皆與他們一同研討儒家所傳承的六經（《詩經》、《尚書》、《儀禮》、《樂經》、《易經》、《春秋》，其中《樂經》已亡佚）。儒家對六經特別看重，因儒家以為，六經不僅最符合天道，也是聖人體悟天道後所滙集的大成，對於「化性起偽」、啟發人之善性，乃是最重要的指導。

儒家經典在士燮手中，不再如兩漢儒生，只是停留於繁瑣至極又了無生機的章句之學，而是體現了活潑生機，可做為修身、齊家、治國和平天下的指標及良方。於是，在士燮的治理下，交趾郡不僅社會安定，還民風端正淳樸，故而越南史官吳士連才會評論說：

我國通詩書，習禮樂，為文獻之邦，自士王始。其功德，豈特施於當時，而有以遠及於後代，豈不盛矣哉！（《大越史記全書．外紀卷之三．士王紀》）

除了禮賢下士，嶺南地區所以能成為「通詩書，習禮樂，為文獻之邦」，與士燮在嶺南所推行的學習漢字之法，也存在著極大的關聯。據《越南通鑑》所記載：

感於越人學習漢音之困難，乃將音韻譯為越聲，平仄俱有一定方式，音韻不變，而判別顯然，其譯法頗為技巧，越人之所以能吟詩作對聯，皆得力於此。士燮並創字喃，假借漢字片段，演為越字，此種字多半是形聲、是會意。

士燮發明以音韻譯為越聲，這是源於在漢字六書中「形聲」的造字之法，就是運用了音韻來造字。以部首來表明字的屬性，再以音韻記錄其聲，是最容易創造出文字，也令人可最快速地學會文字。

《越南通鑑》言士燮運用音韻所造出的文字便是「形聲」字，何以又要說「此種字多半是形聲、是會意」呢？因為，形聲字的音韻有的只在表「音」，如「梅」字右邊的「每」，只記錄其音讀；有的卻還兼表義，如「禮」字右邊的「豊」雖是聲符，但也畫出了一個禮器之形，「禮」字便是個「聲兼義」的形聲字。構成「禮」字的「示」（是祭祀用的神主）及「豊」（就是在青銅器中放置祭品，以向上天祈禱和祭祀）皆有表義的作用，與「會意」的造字之法相同，故而「禮」字既是形聲，也是形聲兼會意的字。士燮所創造的字喃，顯然就是運用了這套原理。

士燮對文化及教育的重視，不僅在總體層面上令交趾郡國富民安；此外，也奠定了日後康僧會在建業順利弘揚佛法之基礎。舉例言之，康僧會四十六歲時，在建業面臨了吳主孫皓欲抵制佛教、拆毀寺院；此時，康僧會在交趾所學習的儒家思想便完全派上了用場。康僧會運用《易經》和《詩經》裡的格言，來解說佛法中的「因果報應」，才終於令孫皓折服，還讓皇親貴冑全都信奉佛教。

康僧會六歲時，其父康北沙平日除了忙於珠寶生意，心中最牽掛的，還是小兒康僧會的教育問題。所幸，康北沙與太守士燮已成了世交，這個令康北沙最牽掛的難題，在士燮太守這兒全都可迎刃而解。

從北方到交趾避難、定居的知識分子，對交趾最大的貢獻，便是將儒、道兩家的思想傳入交趾。士燮本是來自山東的儒學家族，年少時曾遊學於洛陽，又受教於當時注解《左氏春秋》最富盛名的儒學大家劉陶門下，對來到交趾避難的讀書人自然能格外禮遇，這也使得士燮能贏得「南交學祖」的美名。

當時的儒、道學說，與從印度傳入的佛教思想，在完全無戰火、社會和諧安定、加上國際商貿極鼎盛的交趾，早已相互摩擦、碰撞，並形成了一定的融合，使得交趾能被發展成儒、釋、道三家思想皆可百花齊放的重要搖籃；這或許便是，康僧會何以十歲左右料理完父母喪事後便能順利出家之因。並且，康僧會即便出家為僧人，在儒、道兩家思想的學習上，卻還是照舊進行，絲毫都沒落下。

康北沙將幼兒康僧會的教育難題向太守士燮傾吐後，士燮很快地就為康僧會物色好老師。於是，年僅六歲的康僧會，便在安定、繁華，儒、釋、道思想極鼎盛發展的交趾，學習到當代最崇高、也是最為時尚、又能被徹底落實的實用之學。

於交州積澱深厚國學素養

當時前來交趾做生意的胡人，早已多得不可勝數；年紀輕輕的康北沙，竟能與士燮太守，成為莫逆之交；這便說明，兩人的視野與見解，應當是已具備了同樣的高度。兩個國度不同、卻視野相當的奇才，竟在命運的安排下，一同聚集於繁華得足以培養出未來有充分資糧、得以傳法於建業之高僧康僧會的交趾郡。

因緣的具足，是何其不可思議！從天竺來的康居人康北沙，原是為經商而來到中華大地；但由於小兒康僧會的教育，卻顯出他的關注點，完全脫離商人視野，只是想讓康僧會受到最優質的中華傳統教育。

因著這念頭，便使康北沙能鼓足勇氣地前往拜會太守士燮；更奇妙的是，歷史的那一刻，竟讓不同國籍、且年齡與地位有著極大懸殊的二人，同心合意地為康僧會的教育而擇師，也為著康僧會的學習做出了超越那時代的空前規畫，令康僧會的學養能朝著貫通儒、釋、道三家思想而邁進。

有了這些具足的條件後，才使康僧會日後能熟稔地運用「格義佛教」來傳法。我們甚至可以這麼說：此時，康僧會是佛教能在中國傳承的重要預備者；而太守士燮及康北沙，則成了康僧會日後傳法能具足一切條件的重要協助人。

前文提及，康僧會在交趾所受的三十年教育，在日後與吳主孫皓的傳法中，果然被靈活地展現了。據《高僧傳．魏吳建業建初寺康僧會傳》中所記載，孫皓不僅想毀寺，也想為難佛教；然而，早已貫通儒、釋、道三家思想的康僧會，卻輕易地便使孫皓折服：

皓（孫皓）問曰：「佛教所明，善惡報應，何者是耶？」會（康僧會）對曰：「夫明主以孝慈訓世，則赤烏翔而老人見。仁德育物，則醴泉湧而嘉苗出。善既有端，惡亦如之，故為惡於隱，鬼得而誅之；為惡於顯，人得而誅之。《易》稱：『積善餘慶。』《詩》詠：『求福不回。』雖儒典之格言，即佛教之明訓。」

康僧會引《周易》及傳統的中華文化，來印證善惡報應既是天理，也非常符合人心。此外，康僧會也藉機勸誡吳主孫皓，當以「孝慈訓世」，以「仁德育物」，這也是儒家所一貫主張的「仁政」思想。

此外，湯用彤在《漢魏兩晉南北朝佛教史》一書中說，康僧會時常會援引道家的思想來注經：

僧會《安般》、《法鏡》二〈序〉，亦頗襲《老》、《莊》名詞典故，而同時有《陰持入經注》，讀之尤見西方、中夏思想之漸相牽合。嵇康、阮籍所用之理論，亦頗見於是書中。

若非擁有良好的國學素養，康僧會又豈能將儒、道兩家思想，在譯經及傳法的運用上，皆能展現出如此熟稔並運用自如。由此足見，康僧會不僅深入《經》、《藏》的鑽研佛法，對中華文化的精通程度，也已到了極高妙的狀態。正因如此，康僧會所翻譯的佛典，文句也顯得特別地典雅，故而南朝梁僧祐所撰《出三藏記集·卷十三》中，評價康僧會的經《注》和經〈序〉即言：「辭趣雅瞻，義旨微密，並見重後世。」

在士燮的安排下，康僧會終於得名師教授，使他能有機會「博覽六典，天文圖緯，多所實涉，辯於樞機，頗屬文翰」。康僧會所接受的，是當時最深廣的教育；除了儒家經典，還涉及當時的天文和圖讖。

士燮何以能為康僧會安排名師教導？因為，交州當時儒、釋、道三種學術皆早已相當盛行，故而牟子（名融，字子博，蒼梧廣信人，東漢末年隱士，著有《理惑論》）從北方到此避禍，才會形容他到交趾的生活是：「銳志於佛道，兼研《老子》五千文；含玄妙為酒漿，玩《五經》為琴簧。」如此得天獨厚的環境，自然會令各種學術、思想，能產生難以估量的超越性發展。

康僧會為何還要「博覽六典，天文圖緯」？因為，在佛教初入漢地時，只能發展「佛教中國化」，不僅譯經的內容要與中國的傳統思想銜接，傳教的手法也要與當代的思想文化能夠對得上話。「遍覽群經」不過是康僧會能立足於南京的根基；若要與孫權及江南的知識分子毫無障礙地溝通，就還須對兩漢已極其盛行的天文圖緯、及道教所重視的神通等，都有著足夠精通的認識。

自古以來，中國一直相當關注天象；遠在商朝的甲骨文中，便已經出現了兩分、兩至（春分、夏至、秋分、冬至）的記錄。西周時期，基於對恆星的觀察，還提出了二十八星宿。到了春秋時期，《左傳》在魯文公十七年秋七月，甚至也記載著：「有星孛入北斗。」這是世上首次對彗星的觀察記錄，比歐洲早了六百年。到了戰國，楚國的唐昧、齊國的甘德、魏國的石申等，在觀察和論證天體運行方面，也有相當重大的成就。

在曆法的制定上，秦始皇時，在兩分、兩至的基礎上又增加了二十四節氣，這對農耕的指導有著更大的助益。但由於天文學和占星術早已長期交織在一塊兒，故而「文史星曆，近乎卜祝之間。」（司馬遷《報任少卿書》）原先那些職掌文史星曆、地位頗高的史官，到了漢代，地位竟滑落到與卜官和巫祝一類接近。原因在於，文史星曆已太普及，已是兩漢的知識分子信手拈來的基本能力。

以天象斷吉凶，早已是兩漢知識分子所普遍熟知、也能運用的一項重要「技能」；到了東漢時期，大多的經學家也就都成了星象占驗家。西漢末年及東漢初期，更出現了大量的讖緯圖書，就是以星象來占曆；這是因為，自古以來，帝王就非常重視觀測天象，藉以占卜人事吉凶。

世間的一切事，大至天災人禍，小至朝廷的變化更替、傑出人物的出現、宮廷能否祥和……自古都是透過星相來觀察；意即，星相的所有變化，皆可預測著世間的人與事。到了東漢，占卜術更是五花八門，如望氣、風角、遁甲、逢占、挺專、須臾、孤虛之術等，不少儒者甚至還兼任方士，不僅精通「五經」，也精通緯書和方術。到了東漢順帝時，在神仙學和方術的基礎上，尊老子的《道德經》為根本經典，還形成了中國的本土宗教——道教。這些在兩漢時期的學術與思想發展，都對佛教之後的傳播有著相當的阻礙。

在康僧會以前，佛經多是由外國僧人帶入，直接口傳，再由一位翻譯者將其記錄下來。東漢建和二年，終於有一位從安息國來的安世高，因為精通漢語，才能將佛經以最優美的字句翻譯出來。安世高之後，譯經的重責大任，被康僧會接續下來；康僧會所師承的陳慧，就是安世高的門生之一。

如此一來，康僧會便完全繼承了安世高的譯經系統；他還在安世高的基礎上，融入了支讖的大乘佛法，以及他在交趾所受的深厚中華文化傳統；使他無論在譯經或佛法的傳播上，都比安世高發揮出更大的影響力。

康僧會的最大優勢在於，他雖是個外國人，卻是在交趾出生、長大；也是在交趾，因士燮廣納北方的讀書人，而使他能受到最良好也最充分的傳統教育，這也使得康僧會對中華大地始終有著家國的情懷。北上建業，至東吳的國都傳法，其實也正是康僧會對家國所表達出的大愛。

康僧會的異國身分，使他能完全精通梵語；但他畢竟是在交趾出生和長大的，對中國文化及傳統思想，皆已自然而然地內化入生命裡。因此，康僧會的譯經，不僅可少了語言、文化、思維上的隔閡，還能因他對兩種語言及文化的深切了解，在轉譯上便能比前人展現出更充分的突破和超越。

在戰火不熄的中華大地上，地處偏南的交趾，不僅與世界始終有著交流，還為中國的傳統文化提供了充分發展的養料；這般不可思議的條件，終也造就了一位可在中國佛教史上足以留名青史的高僧——康僧會。然而，交趾為何能有如此條件？這就還得從它的源頭——南越國說起了。

第二章　南越國的形成與發展

交阯士府君既學問優博，又達於從政，處大亂之中，保全一郡，二十餘年疆場無事，民不失業，羈旅之徒，皆蒙其慶，雖竇融保河西，曷以加之？

南越國的形成，是日後交州能順利推行中國傳統文化、也能將傳統經典中的治國之道予以落實的特殊舞臺。尤其東漢末年至三國時期，北方長年累月的政治腐敗及戰爭不斷，竟能絲毫不波及嶺南；嶺南還能在中央政權最混亂的局勢下，發展成一方淨土，百姓安居樂業，國際貿易鼎盛。從西方遠渡重洋的商船，不僅願意前來嶺南進行貿易，久而久之還生起對中華大地的熱愛和景仰，情願舉家遷徙至此定居，並且希望學習最優越的中華文化。

一代高僧康僧會，正是因為這樣的歷史風潮，使他這位康居國人，不僅出生、成長在交趾，也受教育於交趾，並在交趾學習到從天竺傳來的佛法，十歲以後便在交趾剃度出家。

然而，交趾為何能造就出如此的歷史?交趾若沒歷經一段積累的過程，經濟、文化與思想等各層面絕對無法在此產生令人驚艷的開展。交趾也正因有著這些充分的條件，才能夠造就精通梵文和漢語、貫通儒釋道三家思想、並突破當時的歷史局限而順利地在東吳開啟佛法傳揚的一代高僧——康僧會。

康僧會打開了佛教在東吳的一扇窗，使佛教能在整個江南地區普遍傳揚；不過，要成就這一切，還得先有在交趾所具足的條件。交趾何以能具足這些條件？要了解其中原因，還得從「南越國」的形成與發展說起。

秦始皇征服嶺南

秦始皇一步步統一天下，亦想進一步平定嶺南地區的百越之地。於是，在秦王政二十五年（西元前二二二年），就指派任囂領兵前去攻打嶺南。這一戰打得並不順；畢竟，嶺南除了多瘴癘之氣，地形和氣候也與中原差距甚大。從北方南下的軍隊，除了要面臨後勤補給和糧草供應的高度困境，還得禁受瘴癘之氣的煎熬；這對一向地處乾燥、又從未歷經過高溫的北方軍隊，真是難以突破的極大障礙。因此，戰爭才一開打，就以大敗收場。

儘管第一次出師嶺南不利，過了三年，秦始皇二十八年，改命屠睢和趙佗領兵五十萬，分五路，經廣西、湖南和江西南康等地，向今天位在兩廣的百越之地進軍。遺憾的是，屠睢過於濫殺無辜，導致當地百姓激烈地頑強抵抗，屠睢也因此遭當地人殺害。

經過五年的整頓，秦始皇三十三年，再度命任囂為主將，由他帶領趙佗，領兵前去進攻百越的各部族。這一次終於徹底平定嶺南，嶺南才全都劃入大秦版圖。

這次的進攻何以能大獲全勝？關鍵就在，秦王朝及秦軍將領對屠睢的失敗進行了深度檢討。此外，打戰最重要的，是得有充分的後勤補給，所謂「三軍未發，糧草先行」。秦始皇於是下令「發諸嘗逋亡人、贅婿、賈人」（《史記．秦始皇本紀》），也就是將逃亡到異地的逃犯、入贅的男子以及商人，全都追隨大軍一同前行；每當秦軍攻下一地，就將這些隨行之人分配留駐當地。如此一來，不僅可以較精準地掌控當地政局；同時，所留下的商人，還能發揮經商本領，將需要的後勤補給有效地運往戰場。秦軍毫無後顧之憂，才能順利地征服嶺南。

既是徹底征服，就絕不能只停留於軍事上的勝利；大量的中原文化，在這場征伐中，實已陸續地傳入嶺南。此外，嶺南已遍布從中原而來的商人，對嶺南及濱海地區的物產都已具體掌握，便可發揮出看家本領，在嶺南也建構起一套完整的商業網。

海上絲綢之路雖是於漢武帝時期才正式構築完整的官方體系，但與西亞地區進行國際貿易，其實早在春秋、戰國時期便已經開始。比如，在山西太原金勝村所出土、春秋時期的「趙卿（趙鞅）墓」，以及成都所出土的

「青白江雙元村墓地」、「蒲江飛虎村船棺墓地」（春秋、戰國墓葬群）等，都出土了屬於西亞地區才有的蜻蜓眼玻璃珠。這說明了，透過海運而形成的貿易，早在春秋時期就已經在進行了。

到了秦始皇時，大批商人進入嶺南後，便更積極地利用海運從事國際貿易。西元一九七四年冬，廣州出土了秦始皇時期所設置的造船廠遺址；也就是說，當時隸屬於南海郡（廣州番禺）的香港，同樣已透過海上絲綢之路從事國際貿易了。

到了南越國時，以海運從事國際貿易，在南越國第二代王趙胡的墓裡最能充分看到明確的證據。從趙胡墓中出土了一梱五根原裝、直徑大且特長的非洲象象牙，以及來自西亞、呈扁球型蒜瓣紋的鎏金銀盒。出土的南越國宮殿多棱石柱，也不像中原的形制，比較接近地中海的古希臘風格。廣州象崗的南越王文帝墓裡，也出土了厚度將近三十公分的炭化絲織品，數量絕不少於一百匹；其經緯之細緻，在同時代的中原墓葬中難以得見。這些考究的絲織品，是南越國的作坊所生產；足見海上絲綢之路的對外貿易，在南越國時期便已經相當發達。

在南越國時期，以及稍後的嶺南漢代墓葬中，牛、馬車輛的模型比較罕見，更常出土的反而是木船模型。此或可說明，嶺南的海上交通實比陸上交通更為發達。因此，漢武帝攻下南越國後，才能立即大規模派出商船，帶上絲綢和金器等，遠渡到今天印度半島南端的黃支國。南越國時期，就已經能派出船隻，從廣州（番禺）出發，經越南的北部、中部，穿過馬六甲海峽、緬甸南部，以到達印度半島之後，再以印度半島做為中轉站，一直向西，以抵達地中海的羅馬帝國（當時稱為大秦）。

南越國的形成

一統嶺南的大好良機

秦始皇征服嶺南後，就在番禺（今廣州）設置了南海郡治，並任命征服嶺南的最大功臣任囂擔任南海郡郡尉。「郡尉」是一個郡的最高首長，整個南海郡就全是由任囂來統轄和管理。

南海郡下設置了「番禺、龍川、博羅、四會」等四個縣，這四個縣中又以「龍川」縣最為重要，是軍事的戰略要地。對於如此重要的據點，秦始皇就將這個重責大任交託給征服嶺南的第二大功臣趙佗。

然而，十三歲登上王位、三十九歲登即一統天下的秦始皇，竟在五十歲登的東巡時，因過勞而死於途中。本來秦始皇早已預訂，由嫡長子扶蘇來繼承皇位；但權臣趙高與李斯合作，篡改了秦始皇遺詔，致使扶蘇被迫自殺，皇位就由人品卑劣的胡亥即位，即是秦二世。

荒淫無道的秦二世，把朝政全丟給趙高掌管。趙高便利用秦二世懼怕世人不服他登上皇位的弱點，教唆秦二世大開殺戒；不僅以極殘酷的手段戮殺功臣和無辜，還將秦二世的兄弟姊妹全都凌虐至死。總之，趙高的目的，就是要藉機除掉所有與他為敵或瞧不起他的人。待這些人全被他殺光後，趙高竟動起了稱帝的念頭；於是，接下來他要對付的，就是丞相李斯以及坐在皇帝寶座上的秦二世。

秦二世早已不問朝政，即便是丞相李斯都難以見上一面。此外，趙高為了投秦二世所好，還反覆請求他修法；修法的目的，全是為了能滿足秦二世的荒淫無道，也可藉機除掉異己。自此以後，秦法便轉為極度苛刻。漢代陸賈的《新語》，對於秦政有深刻評論，他說：

秦始皇設刑罰，為車裂之誅，以斂姦邪；築長城於戎境，以備胡、越；征大吞小，威震天下；將帥橫行，以服外國；蒙恬討亂於外，李斯治法於內。事逾煩，天下逾亂；法逾滋，而姦逾熾；兵馬益設，而敵人逾多。秦非不欲治也，然失之者，乃舉措太眾、刑罰太極故也。

陸賈的批判其實並不公允。只要翻閱秦始皇時期所頒布的法律條文《睡虎地秦墓竹簡》，就能知道車裂之刑當時早就廢除了；長城在春秋時期便已興建，秦始皇不過是派蒙恬及嫡長子扶蘇到邊境去加強和修補因長年失修而破損的長城。

至於丞相李斯，除了與趙高篡改秦始皇遺詔，他的執法絕對都遵從著法律程序，從不見騷擾天下之舉。陸賈所言「法逾滋而姦逾熾，兵馬益設而敵人逾多」，是在趙高請求秦二世兩度修法後，才令秦法轉為極度苛刻，嚴重迫害無辜百姓，陳勝、吳廣才能趁勢揭竿起義。起義不及半年，黃河以北全部響應；反秦戰爭的號角，就在整個中華大地被火速吹響。

就在反秦戰爭打得正如火如荼時，統領整個嶺南三郡、擁兵五十萬的秦朝將領任囂，非但沒北上拯救秦朝所面臨的最大危機，還想利用這局勢，擁兵自重，建立起一個新帝國。

當時，整個大秦王朝有兩處最富天然優勢。一是大秦帝國最初的根據地，也就是四塞以為國、土壤又特別肥沃的「關中平原」；另一處則是大秦帝國最後才開闢，遠離秦帝國統治中心，位居最南端的「嶺南」。

嶺南之北有著天然屏障的「南嶺」，使嶺南可阻絕與長江流域和江南丘陵的交流。此外，嶺南的珠江三角洲，土地特別肥沃並且靠海，便可藉著海上船運通往外地，形成北靠五嶺、南靠大海的地理優勢。

除了地理優勢，秦始皇移入的大量中原移民，將嶺南地區建設成一富庶又深植華夏文明的昌盛之地。南嶺的阻隔，促使嶺南成了「三不管」地帶；儘管北方已深陷戰火，嶺南卻能置之度外，成了難得的世外桃源。

嶺南在千萬年的珠江水系沖積下，形成了極其富庶又平疇沃野的珠江三角洲；不僅日照充足，還雨水豐富。秦統一嶺南後，番禺及珠江兩岸，這一萬多平方公里的河流淤積平原，因南下的秦軍所帶入的新進鐵器和牛耕技術，使得珠江三角洲發展得特別迅速。

任囂統領嶺南只有十年，他當年所帶進嶺南的五十萬大軍，至今仍身強體健，且又多是「江淮樓船師」。「江淮樓船師」全是楚國人，楚國人始終堅守著「楚雖三戶，亡秦必楚」的信念。被秦所亡的六國中，楚國對大秦仇恨最深，因為他們的楚懷王就是客死秦國；秦又以「斬一首者，賜爵一級」的「軍功爵制」獎勵，讓秦軍殺紅了眼，才導致六國滅亡。亡國的仇恨，「江淮樓船師」至今仍未消退；今大秦既面臨著最艱鉅的存亡危機，他們額首稱慶都還唯恐不及，又豈肯前去救援。

此時，在任囂眼中，最足以挑起立國重任的，就是來自河北省正定縣的趙佗。趙佗二十五歲便追隨任囂，前去平定嶺南；之後又留在嶺南，擔任著南海郡的龍川縣令。趙佗的施政長才及軍事能力，得到任囂的充分肯定；要統領整個嶺南與北方的任何政權對抗，除了趙陀，也別無第二人選。

趙佗使嶺南足以與嶺北抗衡

當時在嶺南的百越族群，多斷髮紋身，又喜食蛇蚌；今廣州南越王墓所出土的「人操蛇托座」，就是一個口中銜著一條兩頭蛇的大力士。任囂和趙佗雖平定嶺南，但南下的漢族與百越族的思維及生活模式差距太大，因而彼此常有衝突。南下的漢族如何與百越族群和睦共處，就成了趙佗所面臨的最大難題。

為打破這困境，趙佗便提倡漢、越平等；這個關鍵性的主張，使他終於能在嶺南站穩住腳。此時，貌似強大的大秦帝國，才十多年光景便已岌岌可危；統領嶺南的任囂，又在這風雲乍變的局勢中病逝；嶺南的統領大權，自然只能給最有智慧、也最有潛能的趙佗接管。

接任南海尉的趙佗，面對中原的戰火連天，首先便決定要割據嶺南，成為一獨立的王國。於是，趙佗便立即斷絕嶺南與中原溝通的要道——三關道，還聲稱：「盜兵且至，急絕道聚兵自守。」（《史記．南越列傳》）

所謂「三關」，就是「陽山關」、「橫浦關」及「湟溪關」，這三關全修築在五嶺山脈的險要之地，是阻擋中原進入嶺南的三大關口。通過橫浦關到達湟溪關，再沿北江而下，就能抵達番禺；或者從陽山關沿著「連江」而下，轉入至北江後，也同樣能夠進入番禺。

三大關口在地理位置上形成了軍事的大三角；其中，位在連江下游的「湟溪關」，就是這大三角的最重要支點。湟溪關正好處在西江和連江的滙合處，設置的目的就是為了支援上游的陽山關和橫浦關。如果上游的這兩個關口被攻破，湟溪關還是能做為第二道防線，令入侵的軍隊被阻擋在關外。

除了把守住這三大關，趙佗還建立了一道橫跨五嶺山脈的軍事防線，能將所有可進入嶺南的要道全部卡死；此外，趙佗又建立一座趙佗城，以做為重要的防線。西元一九五八年，考古工作隊在樂江城外的武江南岸發掘出一座古城堡遺址，這座遺址多已淹沒入河中；雖已歷經兩千多年，城基的石頭至今還是相當堅實。這座城基，就是《水經注》中所記載的：「武江要隘，趙佗城。」

三年的反秦戰火，將大秦這座大廈徹底燒毀，嶺南便成了大秦唯一沒被攻破的領地，使得嶺南面臨空前未有的最大危機。所幸，反秦戰爭才剛結束，楚、漢爭戰卻又緊接著開打；這一開打，便給了嶺南一個極大的喘息機會。於是，趙佗便藉機攻下了桂林郡和象郡；這兩郡因為與南海郡緊連，如此使得嶺南在政治上可自此完全統一。西元前二〇二年，幾乎與大漢建立的同時，趙佗就在嶺南建立了「南越國」。

南越國定都於南海郡的番禺（今廣州），以綿延千里的五嶺山脈做為北方的邊界，南面則可眺望無垠大海。西元一九九五年，在廣州越秀山和禺山之間，發掘了南越國的宮廷遺址。在遺址旁有座長達一百五十公尺的曲流石渠，渠壁全是用紅砂岩鋪砌，渠裡則全是大小均勻的河卵石。

這道曲流石渠成斗折蛇形，頗似北方的黃河走勢，是今日所見世上最早的園林實景遺址，也是南越國的宮廷御花園。附近所出土的南越國宮廷遺址，還可見大量寫著「萬歲」的瓦當，以及宮廷地磚。這些宮廷地磚多是大型花紋磚，燒磚的工藝水平與長安的宮殿地磚幾乎相當；宮廷的建設，也是仿效長安的宮廷建制，故而又號稱是嶺南的「小長安」。

廣州最繁華的商業街「北京路」有一段透明玻璃路；在其玻璃罩下，有座層層疊壓的城郭道路遺址；遺址內呈現著不同朝代的磚石路面，使我們得以知曉各朝代所有城郭道路的具體面貌。而在這段玻璃路裡的最下一層，便是兩千多年前、南越國的宮署走道。

西元一九八三年，在廣州象崗的南越王文帝墓裡，出土了大批南越國的文物。在這些文物中，有一枚是刻著「趙藍」二字的象牙印，及一枚刻有「左夫人」的印。這個「趙藍」，就是南越王「趙胡」的右夫人；她很可能是個越女，因為在她的墓裡還出土了一個越女跳舞的玉人。漢族的王所以要與越女通婚，目的就是為了體現南越國的友好民族政策——「和輯百越」。

趙佗在統治南越國的過程中，最重要的策略就是漢、越兩個民族間的平等和團結。於是，南越國立國的九十三年間，便從未見過漢、越民族間有過任何爭鬥。

趙佗還又興辦學校，以《詩》、《書》化國俗，推廣中原的先進文化，並教導及使用漢字。此外，他還以中原的管理辦法與百越的風俗結合，終於改造了越人的好鬥風俗。

《漢書·食貨志》記載，趙佗在嶺南實行「故俗治」、無賦稅政策，以及中原的郡縣制，將原先深居於深山密林的越人，全納入南越國的編戶齊民（將國民納入記錄），使百越民族也能同漢民族一樣歸於戶籍制度，方便統一管理。今南越國已知的官名有二十八個，多是仿效秦、漢。如此一來，便使蠻荒的嶺南也獲得了與中原等同的先進開發。

但問題是，北方更廣袤領土的大漢帝國，又豈能容南越國獨自割據嶺南！此時，南越國面臨的是更嚴峻的考驗。就在漢高祖劉邦至漢武帝這百年間，大漢王朝其實是一直都在謀畫著要如何攻下嶺南。

南越國與大漢王朝的融合與對立

西元一九七二年春，湖南長沙馬王堆出土了長沙國丞相利蒼夫人辛追之墓（馬王堆一號墓）。在辛追夫人墓的左側，則是辛追夫人僅三十多歲的兒子利豨的大墓（馬王堆三號墓）。在利豨大墓裡，出土了許多殘破的帛片；經考古人員拼裝後，帛片上所繪製的乃是兩幅古代地圖。

這兩幅地圖，其中一幅是畫有軍隊和駐戶數目的《駐軍圖》。透過《駐軍圖》即可知，當時漢軍的預備隊和加強部隊，都是設在長沙國的最南端，就是桂陽郡的九疑山上。桂陽郡已嵌入了嶺南山脈南部，與相鄰的南越國形成了犬牙交錯的局面。桂陽郡距離南越國的北界、也就是連江上游的「陽山關」，還不及百里；這對南越國而言，就如同是將一把尖刀直接插進了南越國，時刻都威脅著南越國。因此，桂陽郡也就成了雙方爭奪的軍事戰略要地。

另一幅則是標有河流和山脈的《長沙國南部地形圖》，所繪製的是長江及珠江流域上三十四條大小不等的河流，幾乎都是分布於西漢與南越國的交界地帶，是針對南越國可能發動攻擊路線的精確掌握。

利豨墓中所出土的《駐軍圖》和《地形圖》，都是當今世上所出土最早的彩色軍用地圖。地圖上所繪製今湖南與廣東交界地帶的五嶺山脈，乃是兩千多年前西漢長沙國與南越國的交壤地帶。

隔著五嶺山脈，南越國與西漢帝國的軍隊相互對峙。西元一九八三年，在南越國第二代王趙胡（趙眛）的大墓裡，就出土了大量的兵器。比如，有弓弩用的各種箭鏃九百多件、射殺用的鉛彈丸五百多顆；在趙胡的身邊，也放置了十把鐵劍，最長的一把還長達一百五十公分；另外，在趙胡墓中還出土了與秦始皇兵馬俑的秦甲頗為類似的鐵皮甲。這些武裝顯示，南越國為了要與西漢王朝對抗，已經在軍事上枕戈待旦。

南越國在趙佗帶領下，漢、越民族和睦共處，農業也得到了前所未有的發展，國力自然呈現出欣欣向榮的局面。相反地，五嶺以北的西漢王朝，則是必須收拾巨大爭戰後所形成的殘破山河，處處田園荒蕪、餓殍遍野。此外，在西漢王朝的北方，還有著「控弦之士三十萬」、不時會南下侵略長城沿線邊民的強悍善戰匈奴。漢初羸弱，又處於內外交困的局面，對割據嶺南的趙佗，不得不採取安撫共存的政策。於是，便派遣了陸賈出使南越國，說服南越國在名義上向大漢稱臣。

南越國向西漢稱臣，不僅可化解掉軍事上的對立和威脅，同時也能將中原的文明以及糧食、穀物、農具、牛羊等物資，源源不絕地輸入嶺南；南越國也能將中原所特別鍾愛的象牙、犀角、珍珠等珍品，與西漢王朝在長沙國與南越國的交界線上，進行物物交換的貿易。

如此和平往來，本來對南越國是一大利事；可惜，漢高祖劉邦才一過世，掌握實權的呂后，就把這一年多來的和平及貿易全都破壞掉。呂后不僅關閉了貿易關口，還嚴禁銅、鐵、兵器及母畜進入嶺南。被激怒的趙佗便發兵北上，將一切憤怒全都發洩在五嶺以北的長沙國上；這是南越國第一次與北方的西漢公開對抗。

西漢於是派遣「馬王堆三號墓」的墓主人利豨，領兵向趙佗發兵進攻；

但是，西漢的大軍即便用了長達一年多的時間，仍無法打贏南越國。

嶺南對西漢的銅、鐵之所以如此看重，因為嶺南在漢武帝以前並沒有產鐵，也無設置鐵官，更沒有設立具規模的冶鐵業。因此，西漢先進的農耕用具、作物及牲畜，對嶺南的開發就有著極重要的影響。

從利豨墓中出土的《駐軍圖》可知，在呂后七年，西漢王朝為了對抗南越國，共部署九支部隊。但是，西漢的中央軍終究還是無法南下越過五嶺；同樣地，嶺南的趙佗也越不過北方五嶺，與西漢王朝正面對抗。

漢武帝正式收回南越國

經過文、景兩帝超過四十多年的休養生息，使反秦爭戰及楚、漢戰爭所導致的民生凋敝，都能充分調節和恢復。漢武帝即位時，國家已積累了相當充裕的財富。據《漢書．食貨志》記載：

至武帝之初七十年間，國家亡（無）事；非遇水旱，則民人給家足，都鄙廩庾盡滿，而府庫餘財。京師之錢累百鉅萬，貫朽而不可校；太倉之粟陳陳相因，充溢露積於外，至腐敗不可食。

大漢積累的充實財富，使京師的錢財累計至百萬以上，以致綁束銅錢的繩索全都朽壞，錢幣散落四地，想數都數不清。國家的糧倉裡，年年堆積著儲糧；因為儲糧太多，還溢滿到倉儲之外，甚至還腐爛掉。

從大漢開國到漢武帝時期，超過七十多年的休養生息，使西漢的人口，從開國的一千七百多萬增加到三千七百多萬，國力也發展成十分強大。剛即位的漢武帝，儘管迎來的是大漢最繁華的盛世，但北方的匈奴以及南端的南越國，卻始終是漢武帝心中的最大隱患。

西元前一一三年，第四代南越王趙興即位，當時僅十九歲，對南越國的政務並不熟悉，南越國的實權全都掌握在丞相呂嘉手中。漢武帝於是便派出一名使者前往南越國，欲遊說南越王趙興歸順大漢。

南越王趙興與對丞相呂嘉掌握大權的危機，本已不知所措；聽完漢使來意後，感覺這危機有解了，便同意要歸順大漢，但這想法立即遭丞相呂嘉反對。於是，南越國的君臣之間，便陷入了嚴重的僵持。

起初，漢武帝並沒當一回事兒，因此只派出兩千人馬前往南越國。然而，這兩千人馬才剛抵達南越國，呂嘉便公然進入王宮，殺死南越王趙興、太后及漢朝使者。校尉韓千秋於是向漢武帝請纓，自願領兵兩千以討伐呂嘉。擅於誘敵深入戰術的呂嘉，將大漢派來的這兩千大軍全部殺害；輕敵的韓千秋，也無辜地被拋屍嶺南。

正從長安出行到河東郡（今山西運城一帶）的漢武帝聽聞消息後，震怒非常，漢元鼎五年（西元前一一二年秋）即下詔，由將軍路博德領軍二十餘萬，分五路以進攻南越國。

路博德所率領的大軍特別勇猛，導致呂嘉的軍隊節節敗退；後來，南越國一百多萬的百姓，只要聽到路博德的大軍前來，都會紛紛出城投降。呂嘉見情勢已到如此，便趕緊乘船，一路逃向了海南島。只花了一年左右，南越國便被大漢收回。

當時三十多歲的漢武帝聽聞捷報，欣喜之餘，立即將當時路過的山西「左邑桐鄉」，改名為「聞喜縣」，以表達他的喜悅之情。

漢武帝所以能順利攻下南越國，及發展海上絲綢之路，其中一重要原因，便是漢武帝對水軍的訓練特別重視。漢武帝在長安城西南開鑿了一人工湖泊——昆明池，目的就是為訓練出一支強悍的水軍。漢武帝深知，距離長安兩千多公里之遙的嶺南，有著精通水師的趙佗；若想收復，就一定得訓練出最精銳的水軍。

路博德見呂嘉乘船逃往海南，便一路揮師南下，到達今天的雷州半島（廣西合浦郡的徐聞縣）後，再兵分兩路，分別由合浦縣及徐聞縣出發，攻向海南島。呂嘉實在退無可退，終於被路博德擒獲，海南島自此納入大漢版圖。漢武帝於是在海南島上設置了「朱崖」及「儋耳」二郡。

攻下南越國後，漢武帝更加積極開發海上絲綢之路，使得嶺南地區成了當時向西航運及貿易的重要停靠港及中轉站。嶺南地區便在當時發展成了最多國際交流的重要據點；不僅中原文化可由此輸出，各國的文化也會藉著昌盛的國際貿易一一傳入嶺南，再由嶺南順江北上，逐漸影響整個中華大地。

從天竺來的佛教，雖只在嶺南設立羸樓佛教中心；但是，在此出家的康僧會將佛教隨著水路北上，帶進了江南，也在江南不斷成長和茁壯。這說明了，漢武帝所開發的陸上及海上絲綢之路，對中西文化的交流開啟了劃時代的重要歷史樞紐。

東漢末年至三國時期的嶺南發展

嶺南歸屬東吳，士燮家族全權統領

東漢末年，朝政日衰，廟堂上充斥著外戚專權、宦官亂政，地方上又爆發了黃巾起義及涼州羌亂。當時，嶺南最大的勢力，就是士燮家族。士燮見州、郡已混亂至此，便藉機上奏朝廷，請求任命他的弟弟士壹為「合浦郡太守」、士䵋為「九真郡太守」、士武為「南海郡太守」，以鞏固和加強士氏家族在嶺南的盤踞勢力。掌握著北方政權的曹操，為了要制衡劉表，便授予士燮「綏南中郎將」一職，以命其監視著交州七郡的動向。

之後，孫權派重臣步騭出任「交州刺史」，兼任立武中郎將；步騭便率領千餘武射吏南下，以接管交州。建安十六年（西元二一一年），孫權又追加步騭為「使持節」、「征南中郎將」，以表達對他的信任。步騭到任後，蒼梧郡太守吳巨拒絕服從調度，步騭於是設下巧計，一舉將吳巨斬殺。交趾郡太守士燮及其家族見狀，深知寡不敵眾，便決定要率眾歸降。

當時，故交州牧張津的舊將夷廖、錢博之流，仍是割據山頭、各霸一方，步騭也逐一討伐，並將其消滅。至此，交州的秩序才得以逐漸恢復，法令得以貫徹實施，嶺南才迎來了短暫的安寧。

漢獻帝延康元年（西元二二〇年）十月，曹操去世，獻帝被迫將皇位禪讓給曹丕，東漢自此滅亡，成為「三國鼎立」的局面。東吳的孫權於是調整布局，將交州刺史步騭調往前線，由呂岱統領嶺南。呂岱到任後，恩威並施，才逐漸削奪了嶺南的地方勢力。

此時，嶺南雖已被東吳所統領，但士氏家族在此已耕耘多年，非常深得人心。士燮早在東漢靈帝中平四年（西元一八七年），即被擢升為交趾郡太守，他的家族也多出任交州要職。士燮為人謙恭有禮，視野宏大，還施行仁政，並廣納中原士子；在他的統領下，交趾郡竟在三國鼎立的亂世當中，還能發展成偏安一隅的世外桃源。

富庶又安定的交趾，吸引了大批中原士子來此避難，也帶來了極豐富又充滿活潑生機的經學，使交趾儒學發展興旺、學術交流特為鼎盛的局面。士燮在施政之餘，更潛心研究學術，並為《左氏春秋》作注，故而袁徽（東漢名士）在給荀彧（東漢、曹魏大臣）的信中（《三國志．士燮傳》）才會對其如此讚譽：

交阯士府君既學問優博，又達於從政；處大亂之中，保全一郡，二十餘年疆埸無事，民不失業；羈旅之徒，皆蒙其慶；雖竇融保河西，曷以加之？官事小闋，輒玩習《書》、《傳》，《春秋左氏傳》尤簡練精微；吾數以咨問《傳》中諸疑，皆有師說，意思甚密；又《尚書》兼通古今，大義詳備。

袁徽盛讚：交趾太守士燮學問淵博，又通曉政治，在亂世中猶能保全一郡，使交趾郡內二十多年未有一絲戰禍；百姓安居樂業，流落寄居至此者亦蒙受其恩惠；即便像竇融那樣保全河西的偉業，功績也是無法與士燮相比。士燮在公務之餘，必鑽研經傳，對《左氏春秋傳》研究的特別簡明精練、細緻入微。袁徽曾多次將《左氏春秋傳》中的一些疑難處向士燮請益；士燮的解說不僅能上承師法，其觀點和思想也深刻而精密。此外，士燮對最難解的《尚書》，也能融合古、今文要義，使他對經書的內涵能掌握詳備。

袁徽如此地盛讚士燮，是因士氏家族儘管雄踞各郡，卻始終勤政愛民，絕無一絲的驕縱和傲氣，嶺南的政務，總是處理的井然有序，這裡不僅是一方淨土，百姓還過得又富足又康樂，難怪連各國前來的商人，才會羨慕的而願定居於此。簡言之，孔子最強調：「文質彬彬，然後君子。」在士燮家族中，可說是已體現得甚為完備。據《三國志．士燮傳》記載：

燮兄弟并為列郡，雄長一州，偏在萬里，威尊無上。出入鳴鐘磬，備具威儀；笳簫鼓吹，車騎滿道，胡人夾轂焚燒香者常有數十。妻妾乘輜軿，子弟從兵騎；當時貴重，震服百蠻，尉他不足逾也。

士燮家族出入時，會鳴鐘響磬，儀態端莊，禮儀齊備，又有悠揚的笳笙簫管之音伴奏。隨行的車騎充斥整條道路，路兩旁總有數十名胡人夾道焚香，以示景仰。他們妻妾所乘坐的小車，全都垂下帷幔，就連子弟們也有兵士騎馬隨行。其尊榮與顯赫，足以震懾四夷；即便是第一代的南越王趙佗（尉他），權勢也恐怕難以企及。

士燮將國威及儒家的禮儀規範，都宣揚得非常具體；但是，東吳的孫權對他卻從不信任。建安末年，士燮只好將嫡子士廞送往東吳充當人質。孫權見士燮有此表態，自然也得有些舉措，好讓士燮安心；於是，便任命士廞為武昌太守，對士燮和士壹在南方的子嗣也都賜予高官厚爵。

士燮在東吳和蜀漢的對立中，不僅堅定表態支持東吳，還協助益州豪族雍闓叛蜀，以歸順東吳。此外，為表達忠心，士燮還常派使者前去朝見孫權，獻上嶺南特有的奇珍異寶和嶺南佳果；他的弟弟士壹，也同樣經常進貢數百匹駿馬。孫權收到上貢，一定親筆回信，還對士燮、士壹都給予豐厚賞賜。

黃武（吳大帝孫權年號）五年（西元二二六年），士燮病逝，享年九十歲。在士燮四十多年的統治下，交州不僅已成為當時南方學術的重鎮，他所帶領的儒學熱潮，還深深地影響周邊國家。

士燮雖只是一介太守，但因他對越南的文明及文化發展貢獻太大，越南的史學家便尊稱他是「士王」，且言：「我國通詩書、習禮樂，為文獻之邦，自士王始。」又「三國吳時，士王為牧，教以詩書，熏陶美俗」。士燮還被尊為「南交學祖」，先入了帝王廟，之後又被奉入「文廟」，在越南至今仍祭祀不絕，足見越南對士燮的緬懷和敬重深切到何等程度。

士燮辭世，士家影響力遭削弱

士燮的離世，對交州百姓而言如喪考妣，對孫權卻是得償所願。因為，孫權不僅可藉機收回士家在嶺南的統治權，還能將嶺南重新規畫。

在交州，士家的氏族力量確實太大，士燮對孫權雖謙恭有加、盡忠職守，但不能確保其子孫仍會如此。孫權於是藉機削弱士家權勢，便將理當即位交州郡守的士徽調任為安遠將軍兼九真郡郡守，再派遣陳實取代士燮；並以交趾道途險遠為由，將北部的蒼梧、南海、鬱林、合浦等四郡全都劃入廣州，再任命呂岱擔任刺史。

此外，交趾及其南部的九真、日南三郡，也全合併於交州，再另選派戴良擔任刺史。此舉明顯是想將士家幾代人的努力全盤消滅。士徽自然氣憤難消，拒不受命，還自尊為交趾太守，並派兵據守海口，以阻擋戴良和陳實前往赴任。

士徽下屬桓鄰，知孫權絕不可能任由士徽叛亂，便叩頭力勸士徽務必放棄抵抗，轉為迎接戴良；士徽豈能聽從，震怒下便將桓鄰處死。桓鄰之兄桓治及其姪子桓發聽聞噩耗，遂發兵進攻士徽；士徽閉城抗拒，接連數月，桓治都無法攻下城池。幾番折騰後，桓治決定與士徽相約和親休兵。

士徽與桓治和解了，對孫權反而形成了更大的威脅；呂岱於是請纓，欲前去討伐士徽。孫權同意，便命呂岱率士卒三千，渡海抵達合浦，與戴良合軍，一同出征以平定士徽叛亂。

士徽聽聞軍情，自知不敵吳軍，十分驚慌不安。士徽的堂弟士匡與呂岱是舊識，呂岱便讓士匡寫信以招降士徽，並告知他投降的好處，且絕不追究他罪行。士徽與六位兄弟商議後，終於決意投降，便在呂岱入城之日，肉袒出城迎接。

孰料呂岱欺詐，次日設置了鴻門宴，待士徽兄弟等人依次赴宴入座，呂岱突然起身，手執符節，正色宣讀詔書，陳述士徽的一切罪狀，隨即下令早已藏於帷幕後的武士，將士徽一行人全綑住雙手押出，立即處斬，再將首級送至武昌。

士徽一死（西元二二六年），交州效忠士家的軍民，紛紛起兵攻擊呂岱；無奈軍力實在懸殊太大，遭呂岱一一殲滅。至此，交州徹底地掌握在孫權手中，呂岱也因功而被封為番禺侯，升任為鎮南將軍。原先為奪取士家之權所設置的廣州，也被孫權全併入交州，再由呂岱擔任交州刺史。
呂岱任交州刺史後，曾多次派官員出使南洋群島及今天的東南亞一帶以「南宣國化」。於是，扶南、林邑、堂明等國的國君們，也紛紛派出使臣，遠渡重洋前來東吳朝貢。
隨著士燮離世，交州在一年之內便出現極大變革。不僅士燮的家族全遭殲滅，交州的統治權交在不講誠信的呂岱手中後，過往的富庶雖依舊存在，但過往的淨土恐怕難以復原。
此時已十九歲、並已出家的康僧會，在嶺南則是更加認真帝學習儒、釋、道三家思想。康僧會的學習，有著更宏大也更遠見的抱負：交州的淨土，既是由東吳政權所破壞，康僧會便要將儒、釋、道思想更融會貫通，待水到渠成之時，就要北上建業，向孫權傳揚佛法。

終於，在康僧會四十歲時，因緣成熟了。康僧會便從嶺南乘坐船隻，一路走水路，到達了東吳的首都建業，開啟了他在江南的傳道之旅。

佛教什麼時候傳入中國？到了康僧會的時期，佛教又已發展到何種程度？康僧會既接下了弘揚佛法的棒子，就得對當時佛教的下一步發展，有著劃時代的擘畫。因此，在了解康僧會的建業弘法之前，吾人須對佛教傳入中國的歷史發展有一基本了解。

第三章　佛教傳入中國的初期歷史與發展

交趾一方通天竺。佛法初來，江東未被，而羸𨻻又重創，寶剎二十餘所，度僧五百餘人，譯經十五卷。以其先故也，於時則已有比丘尼摩羅耆域、康僧會、支彊梁接、牟博（牟子）之屬在焉。

康僧會雖出生在已有羸𨻻佛教中心、剃度出家也已被視為尋常的交趾，但他的目標並不只是在交趾弘法。康僧會要將佛法帶入那導致交趾失去過往安定的建業，去向被時代瀰漫的神通思想所折服、卻不知佛法為何物的孫權傳法。

然而，佛教畢竟從西漢時期便已傳入漢地，何以東吳的都城建業，竟仍是人人似未聞佛法？康僧會初到建業，他身著僧服、頭已剃度，卻引來眾人因不知佛法而產生的驚奇和關注。

這說明了，即便到了三國時期，佛教在漢地仍未普及。導致其不普及的原因為何？這還得從佛教傳入中國的初期歷史及發展談起。只有了解這段歷史，我們才能明白，何以康僧會到了建業向孫權弘法，須以孫權所重視的「神通」，來開啟孫權接納佛法的視野。

佛教的創立

佛教約誕生於西元前六世紀，發源於印度的恆河流域。當時的古印度主要信奉「婆羅門教」（Brahmanism），和許多原住民所信仰的鬼神崇拜。在婆羅門教的教義統治下，古印度出現了森嚴的社會等級制度——「種姓制度」，將人分成了「婆羅門」、「剎帝利」、「吠舍」和「首陀羅」四個種姓。

第一等的「婆羅門」（Brāhmaṇa）是由僧侶、祭司所組成，地位最高，甚至高於第二等級由國王、武士及官吏等統治階級所組成的「剎帝利」（Kṣatriya），因為「婆羅門」壟斷著全國的宗教和文化教育。第三等級的「吠舍」（Vaiśya），是由農民、牧民及手工業者等組成，他們得向國家納稅，也要向神廟捐獻財物。第四等級「首陀羅」（Śūdra），是社會上最底層的窮人，沒有財產，也沒有任何權利，只能受盡各種欺凌和剝削。

被視為佛教創立者的悉達多．喬答摩〔或音譯「瞿曇」〕（Siddhattha Gotama），原是迦毗羅衛國太子，迦毗羅衛國有部分領土延伸至尼泊爾的一部分，悉達多太子就出生於尼泊爾的「藍毗尼園」（Lumbinī）。

相傳悉達多太子曾駕車出遊，在東、南、西三門的路上，先後看到了老人、病人和遺體，讓他非常震驚。皇宮裡總是將世間最美好的東西呈現在他眼前，他根本不知道，原來世上不是只有美好的事物，也有令人傷痛欲絕的苦難；這些見聞，都令他太感傷與痛苦。當然，這也終於讓他深切體會到，皇宮生活以外的另一個真實世界。

之後在北門，悉達多太子又遇見了一位出家修道的沙門；這位沙門告訴他，出家才能解脫生、老、病、死；於是，悉達多太子便由此而生起出家修道的念頭。在他二十九歲那一年，便拋棄了榮華富貴和妻兒，毅然而然地跨過恆河，在恆河南岸出家修行；當時，在恆河南岸有許多新興宗教在教導如何禪修和苦行，有五名國王親信跟隨著太子一同修行。

悉達多太子修習了禪定，已成就世間最高的「非想非非想處定」，仍未解脫。後又修苦行，後來覺得苦行並無任何具體意義，便恢復了正常飲食，繼續禪修；最後終於深觀緣起，了悟諸法實相，滅盡一切煩惱，解脫成道。

開悟成道後，他便到「鹿野苑」度化；最初追隨他修行的那五個人，組成了最早的僧團，悉達多太子並被尊稱為「佛陀」（Buddha，意為「覺者」）。後來，皈依佛陀的弟子愈來愈多，最終便形成了一個宗教體系——佛教。

佛教認為，現實人生就是「苦」，凡生、老、病、死等皆是苦；而這些苦，實全是由個人的「惑」和「業」所造成。「惑」指的是貪婪和痴迷等一切煩惱，「業」是人的一切身心活動；「惑」和「業」的存在，便導致人此世壽命終結後，得不斷地投胎轉世，受盡生死輪迴之苦。

要超脫輪迴生死之苦，就得修習佛法，使自已勘破無明，了悟正知、正見，才能證得不生不滅的「涅槃」（nirvāṇa，意為寂滅、解脫）。佛陀離世後，承載佛法的載體便是佛經；也就是說，佛經能否完整傳入，實是佛教能否被確實傳播的重要關鍵。

佛教之所以能廣泛傳揚至印度以外，主要是在西元前三世紀左右，孔雀王朝的阿育王（Aśoka，音譯「阿輸迦」，意譯「無憂」）皈依佛教後，除了以慈愛待民，同時也想將佛教傳揚出去。為了弘揚佛教，他便派遣高僧四處弘法，甚至還讓他的太子和公主（另一說是弟弟）組成僧團，親自前往斯里蘭卡傳教。

佛教自此便開始向南傳；從斯里蘭卡傳到緬甸、泰國、柬埔寨、寮國的這一支，稱為「南傳佛教」；因他們使用的是「巴利文」（Pāli），所以又稱為「巴利佛教」。之後，阿育王又再派出高僧向西、向北走，一直到了今天印度河流域的北印度這一帶，甚至更遠，還傳至中亞的敘利亞、馬其頓和埃及。也正是因阿育王的努力，才使得佛教被發展成為一個國際性的宗教。

佛教如何傳至中國

根據正史所記載，佛教的正式傳入，當是在兩漢之際；但在此之前，佛教思想或佛教文化，其實早已進入中華大地。

兩漢正是儒家被獨尊的鼎盛時期，儒家的許多傳統和思想，都已在所有的知識分子心中，甚至在民間，被紮根的非常深。而佛教中的許多教義及思想，又常與儒家的觀念牴觸，尤其是剃度、禁欲、離俗等規範，在當時要傳播，勢必得遇上相當大的困難。因此，當時外國僧人進到中國，主要的工作，多半不是急於傳播佛法，而是設法把佛經能帶進中華大地。

佛教傳入中國的時間雖定位在兩漢之際，但我們必須先有一個基本認知：任何一個事件的形成，絕對都不是突然的；在此之前，一定得有一些歷史條件，已經在充分地醞釀。

這就好比，我們今天所看到的商代青銅器、龜甲或牛肩骨上所出現的甲骨文，都已相當成熟和規整，後世所出現的金文、篆文、隸書及楷書，又全是以甲骨文這套文字系統做為基礎，再隨著歷史條件的需要逐漸演變而成。然而，在甲骨文之前，若沒有一段漫長的文字創造歷程，又豈能突然出現如此具備邏輯性、規律性、文化性和歷史性的文字呢？

東漢許慎所撰寫的《說文解字》，就是以小篆為基礎，將文字按照「象形、指事、會意、形聲、轉注、假借」等六種造字原理——「六書」，來分析文字的形、音、義結構。許慎就是想說明，文字的形成絕對是源遠流長、非一朝一夕便能成就。果然，西元一九五四年在陝西省西安市發現的「半坡遺址」裡，看到遠在六千多年前的「仰韶文化」所出土的陶片上之圖文，很多已經是甲骨文中所出現的文字了。

同理，佛教要從天竺及西域諸國傳至中華大地，不僅要跋山涉水，還要能排除語言及文化上的差異和牴觸，使其能受到上自帝王、下至販夫走卒的了解與接納，又豈能少得了前期所當有的條件積累？這是在探究佛教何時傳入中國時所必須具有的基本概念。

不過，在探究這段歷史前，我們還得先了解，佛教是透過什麼途徑傳入中國？在那個資訊不發達的世代，人為的努力是佛教能傳播的唯一辦法。這些異域的僧人，當時以驚人的毅力和決心，透過當時進行中西文化交流的兩條主要途徑，也就是陸路和水路，將遠在天竺的佛教一步步地帶進了中華大地——

陸路：由中亞傳入新疆，再逐步深入各地

在陸路方面，佛教是從西域傳入的，也就是從中亞，經過現在新疆的南疆（天山以南、崑崙山以北），分南道和北道兩條路線傳入。兩漢時的南道與北道，分別為：

以樓蘭為樞紐，從樓蘭到今天的且末、和田、喀什，位於塔克拉瑪干沙漠之南的道路就是「南道」；從樓蘭到今天的庫車、阿克蘇、喀什，位於塔克拉瑪干沙漠之北的道路就是「北道」。西漢時期的絲綢之路主要以這兩條路線最發達。

從這兩條路線走，會先經過河西走廊，才進入關中，抵達長安；到了長安後，再出關中，就能一路向東地走到洛陽。

當時，為了將佛教傳入中國，這些高僧們從中亞過來後，許多時候都得靠兩條腿，先翻越蔥嶺——就是今天的帕米爾高原。若沒有任何交通工具，想翻越帕米爾高原，即便是在今天也非常困難。只有能活著翻越過山嶺，才可能進入到今天的南疆。

進入南疆後向東走，經由南道和北道，才能抵達從敦煌西出的玉門關和陽關。從這兩個關口入關，沿著崑崙山北麓，經于闐而至莎車，才能到達河西，以進入酒泉、張掖、武威；之後再入關行至長安，再由長安出函谷關，向東走到洛陽。

東漢時期又開闢了從敦煌到哈密再到吐魯番，然後南越天山到達焉耆進入北道的新路線。

這幾條溝通中西的重要道路，就是史上所謂的「絲路」——陸上絲綢之路。絲綢之路一經開闢，便使得西域的許多僧人，不辭勞苦也不懼犧牲地長途跋涉，只期許能將佛法傳入中國。於是，在敦煌路上，才會出現如莫高窟那般令人震撼不已的佛像和壁畫。

海路：由斯里蘭卡、馬來半島、越南等地到達廣州及東部沿海

海路的開闢比陸路晚，約至南北朝時，才有譯經大師經海路前來。

當時，船隻是沿著印度東邊的海岸線，一直南下，直抵斯里蘭卡。到了

斯里蘭卡後，船隻再東行，沿著馬來半島，到達今天的印尼（古時稱為爪哇）。抵達印尼後，得再更換船隻及補充飲水和糧食，然後才能再由印尼沿著越南北上，抵達中國的交趾和廣州上岸。

當時海運還不夠發達，航行的船隻也小了些，只能順著季風及沿著海岸線航行，所承擔的風險遠比陸路更艱難。因此，佛教傳入中國的路線還是以陸路為主。

海路雖不及陸路多，但藉由「海上絲綢之路」，那些裝載貨物的船隻不僅帶進了異域的各種商品，也將隨船誦經、祈福的僧人一併帶至中華大地，這確實也是一條極重要的傳播管道。

康僧會所處的交趾，佛教就是透過海路帶入。越南佛教史學家阮朗〔郎〕（Nguyễn Lang）所撰《越南佛教史論》便已記載，交州佛教原是由海路南來，並由此北上中原，成為佛教傳入內地的另一渠道。

阮朗明確地說，「交州」是佛教傳入的重要據點，因為這裡有羸樓佛教中心。另外，越南當代佛教法師、歷史學者黎孟韃〔闥〕（Lê Mạnh Thát）所著《禪苑集英研究》，對交趾一帶的佛教盛況，也有約略記載：

> 交趾一方通天竺。佛法初來，江東未被，而羸樓又重創，寶剎二十餘所，度僧五百餘人，譯經十五卷。以其先故也，於時則已有比丘尼摩羅耆域、康僧會、支彊梁接、牟博（牟子）之屬在焉。

透過海上絲綢之路，佛法從天竺傳入交趾後，不僅興建了二十餘所寺院，還剃度了五百多位僧人。這個數據姑且不論是否精準，卻也表示交趾這個地區在佛教的傳播和弘揚上似乎困境不大。無怪乎，康僧會在處理完父母喪事後，便能自然而然地出家，顯然沒有受到太大的阻攔。即便他的師承有許多是儒家和道家的知識分子，但十多歲的康僧會還是能依照自己的心願遁入空門。

這些印度僧人，都是隨著印度的商人一同乘船進入交趾。印度商人擔心海運可能會出現種種危險，便帶上能為他們誦經、祈福的僧人。這些印度商人雖說心中從未有到交趾傳揚佛教的念頭，卻意外地由這些隨行的僧人將佛法和經文帶進了當時自由與安定的交趾，還成立了佛學中心，而培養出如康僧會這般自再遊走於儒、釋、道三家學術殿堂的人才。

佛教傳入中國的初期階段

秦始皇時期：釋利防進入漢地

據東晉隱士王嘉的《拾遺記》所載，燕昭王七年（西元前三一七年）「沐胥（即印度）之國來朝，有道術人名尸羅荷錫持瓶云：『發其國，五年乃至燕都』」。這條記載說明了，在先秦時期，佛教便曾經被帶入至中華大地。

隋代費長房的《歷代三寶紀．卷一》則記載：

始皇時，有諸沙門釋利防等十八賢者，齎經來化。始皇弗從，遂禁利防等。夜有金剛丈六人來，破獄出之。始皇驚怖，稽首謝焉。

唐代道宣所撰《廣弘明集．卷十一》也曾提到釋利防想度化秦始皇的內容，其言：

始皇之時，有外國沙門釋利防等一十八人賢者，齎持佛經來化始皇。始皇不從，乃囚防等。夜有金剛丈六人來，破獄出之。始皇驚怖，稽首謝焉。

《廣弘明集》的記載，與費長房的說法幾乎毫無差異。之後，元代沙門念常所撰寫的《佛祖歷代通載．卷四》，又再提及了此事：

秦始皇二十九年，癸未，沙門室利防等一十八人，來自西域。帝惡其異俗，以付獄。俄有金剛神，碎獄門而出之。帝懼，即厚禮遣之。時國事區區，弗克敬奉。

透過費長房、道宣及沙門念常三人所記載，皆顯示秦始皇時西域來了十八位出家人，攜帶著經卷來到中華大地，想要度化秦始皇。

所謂「西域」，是指「玉門關」及「陽關」以西、蔥嶺以東、天山以南、崑崙山以北的廣大地區；這一帶有三十六個國家，後來分裂成五十多個小國。隨著中西交通的發達，人們便將通過以上地區而與漢地有往來的中亞、西亞、及南亞的一些國家也稱為西域。

秦始皇除了不願信佛，還感覺他們的習俗與思維太怪異，便把他們全都關入牢裡。孰料，到了半夜，竟出現金剛前來搭救，打破牢房後將釋利防等十八人全數救走。秦始皇聽聞此事，十分驚恐，便備上厚禮，向這十八位僧人謝罪。最終，秦始皇仍沒接受佛法，只希望這十八位僧人儘速離開，佛教因此只在中華大地上如雲朵般暫時飄過。

梁啟超在所撰寫的〈佛教之初輸入〉一文中，梳理了歷代文獻後，也對這起歷史事件做了一番評論：

朱士行《經錄》稱：「秦始皇時，西域沙門室利防等十八人，齎佛經來咸陽，始皇投之于獄」（《歷代三寶記》卷一引）。此經錄本不甚可信。此種斷片且傳疑的史實，似無徵引之價值，但最當注意者，秦始皇實與阿育王同時（秦始皇，西紀前二四六至二一〇；阿育王，西紀前二六六至二三〇）。阿育派遣宣教師二百五十六人於各地。其派在亞洲者，北至俄屬土

> 耳其斯坦，南至緬甸，僅有確證，且當時中印海路交通似已開（法人拉克伯里考據此事頗詳）。然則阿育王所遣高僧或有至中國者，其事非不可能（佛門掌故稱，育王起八萬四千塔，其二在中國。此雖荒誕，然或是育王與中國有關係之一種暗示）。但籍曰有之，然既與當時被坑之儒同一命運，則可謂與我思想界沒交涉也。

梁啟超以為，秦始皇時，中、印之間的海上貿易便已開啟，當時阿育王也已派出宣教師向亞洲各地傳法；既然如此，阿育王肯定也會想將佛教傳入中國。

元代的沙門念常點出，秦始皇不願接受室利防傳法的最重要關鍵，就在「帝惡其異俗」；也就是兩種風俗、思維的不同，才導致秦始皇對佛法產生排斥。同樣地，這也是日後佛教若要傳入中國，就一定得先解決的問題。

西漢：伊存授經

釋利防等十八人來華傳法之事，因為沒載入正史，學界對佛教何時傳入中國便會採取較保守的看法。若依據正史之記載，佛教傳入中國，當是在西漢時期：

哀帝元壽元年，博士弟子秦景憲，受大月氏王使伊存口授浮屠經；曰「復立」者，其人也。

這段內容記載在《三國志．魏志》；裴松之在注解《三國志》時，引用了三國魏人魚豢的《魏略．釋老志》中的一段話。這段內容所提到的「秦景憲」，《世說新語．文學注》作「景盧」，唐代《通典》作「秦景」，宋代《通志》作「景匿」；四者中最通行的說法是「秦景憲」。「景」，是楚人的大姓，「盧、慮、憲、匿」或是傳寫所導致的差異。如此看來，秦景憲的家世相當顯赫，並非是一般的知識分子。

「博士」是秦、漢時期的官名，有一定的師承，專門研究儒家的五經；比較特別的是，他們對經典的詮釋，必須完全依照所承襲的家法，不可私自妄說。尤其在漢代，有今文經（用「隸書體」書寫的經典）博士和古文經（用小篆、籀文或金文等古文字所書寫的經典）博士，他們對經典的詮釋，往往彼此有別，一字之差便失之千里。

博士們多在朝堂上參與議政，國家每遇及難解之事，便會將「博士」找來，以詢問他們的看法。這群皇上御用的「博士」，都會引經據典地提出他們的觀點，以供皇上做決議的參考。簡單地說，秦、漢時期，「博士」

就是皇上的御用文人，也可以說是皇帝在施政上的學者智囊團；至於「博士弟子」，則是指由「博士」所教授的學生。

西漢哀帝元壽元年（西元前二年），大月氏派出使者來到大漢。「大月氏」原是盤踞在新疆省一帶、屬於阿利亞（Arya）族系統的覩貨羅（Tokhara）族。當匈奴強大時，便三次南下逼迫大月氏，甚至還砍下大月氏國王的腦袋做成酒杯，導致他們不得不西遷至帕米爾西邊的阿姆河（Amu Daria River）上游。

當時的大月氏使者「伊存」，向大漢的博士弟子秦景憲口授《浮屠經》。「浮屠（或作「圖」）就是佛陀（Buddha）的音譯，意思是「覺者」。因此，《浮屠經》就是「佛經」；「復立」應當是「復豆」，也是「佛陀」的音譯。整段內容都在說明，西漢哀帝元壽元年時，佛教便已被正式傳入中國。

伊存為何是對景憲「口授」佛經呢？因為，佛教經典早期都是口耳相傳。佛陀入滅的那一年，大迦葉尊者在恆河南岸「摩揭陀國」首都王舍城附近的「七葉窟」，主持了佛教界的第一次結集，將佛陀所說的「法」、及佛陀所制定的「戒律」全蒐羅、編輯起來。

當時，「法」是由阿難尊者負責結集，「戒律」是由優婆離尊者負責結集；結集完後再集體記憶，完全沒用文字記載下來。因此，佛教的經、律，一開始是由口、耳相傳的。

口、耳相傳難免會有些問題；因為，在傳承的過程中，師父常會將自己的詮釋也一併放入，再傳給弟子，如此將會導致經典義理愈傳愈紛歧。到了西元前一世紀以後，佛教才開始步入文字記載，但當時還並不普及；直到西元五世紀初法顯至印度取經時，所能見到的寫本還是非常少。

如此便說明了，「口授」佛經是佛經在傳承上的最原始面貌，故而伊存才會對景憲也採取「口授」的模式。遺憾的是，伊存當時傳的究竟是什麼經，因文獻並沒有記載下來，以至於後世無法知曉。

漢哀帝為什麼會派出秦景憲去向大月氏的使者學習佛經？因為，在漢武帝時，派張騫出使西域，所開啟的陸上絲綢之路，便已將西域甚至更遠的印度文化，自然而然地傳入中國。

漢武帝於西元前一四一年即位；當時的匈奴首領冒頓，不僅征服了西方三十多個國家，還對大漢的北方邊境形成極大威脅。年僅十六歲的漢武帝劉徹，正是雄姿英發的年紀，實在無法再容忍大漢對匈奴只能屈辱地採取「和親政策」；更何況，和親政策已發展了六十多年，匈奴對北方邊境的侵擾卻始終未曾停息。於是，漢武帝便決定要以武力來解決匈奴問題。

問題是，西方三十多個國家早已被匈奴收服，單憑自身的力量恐怕未必能對付匈奴；於是，漢武帝決定聯合與匈奴有世仇的「大月氏」。

大月氏本來居住在中國境內的河西一帶，長期與匈奴爭戰；當冒頓單于興起時，大月氏便再也不是匈奴的對手了，整個族群便只能向西，一直遷徙至今天中亞的阿姆河北岸。史上將遷徙過去的稱為「大月氏」，沒遷徙的稱為「小月氏」。

漢武帝想聯合與匈奴有血海深仇的大月氏一同對抗匈奴，便命人在長安未央宮金馬門外張貼招賢榜，看有誰肯出使到西域找尋這個無人知曉其去處的大月氏。

然而，沒有人去過西域，也不知道大月氏在那兒？讀過《山海經》的老臣們都說：「傳聞大河的源頭昆侖山，終年是閉日遮月，人在那兒根本是插翅難飛。此外，那兒的弱水，可是連鴻毛都飄浮不了啊！」如此艱險之地，豈有人敢去？孰料，一位僅二十六歲、看似極文弱的張騫，竟毫不猶豫地上前揭下這榜。

於是，漢武帝建元二年（或三年），便命張騫率領一百多人的使節團，向西尋找大月氏。張騫從長安出發，一路走到了大宛；再從大宛向北，走到康僧會的故國康居國；再從康居國向南走，終於抵達了大月氏所立足的「大夏國」。不過，此時的大月氏已是個非常繁華的商業中心，再也無心爭戰。張騫只能將他長達十三年一路西行的所見所聞，帶回國都長安。

敦煌石窟第三二三窟的北壁西側，便畫出了《張騫出使西域圖》。西元前一三八年，在長安西北約一百二十里外的甘泉宮外，漢武帝親自為張騫送行。看著這一百多名使臣愈走愈遠，漢武帝的心中其實相當糾結；真不知這群大漢使臣，是否能順利抵達西域？也不知他們是否能平安歸來？

《張騫出使西域圖》畫出了張騫率使團辭別漢武帝的情景。漢武帝騎在馬上，張騫則跪地向漢武帝拜別，在他身後有手持旌節的隨從。在張騫眾多的隨從中，有一位名叫堂邑父，是投降漢朝的匈奴人，擔任此次西行的嚮導。

在這幅畫的左上方，可看見使團愈走愈遠，最後來到一處西域風格的城池，門口還有兩位僧人在迎接使團的到來。這幅壁畫創作於唐朝初年，距離張騫出使西域已將近八百年；顯然將這次出使西域的過程及結果，畫得太浪漫也太順利。然而，這也表示，唐朝時期已認為，佛教的傳入當是在張騫出使西域時就已經開始。

張騫從西域回到長安後，多少也會將西域諸國的情勢、風土民情、思想文化等帶回長安。此外，在張騫出使西域其間，漢武帝也早已派出李廣、衛青、霍去病等與匈奴交戰。漢武帝元授二年（西元前一二一年），大漢已取得甘肅黃河以西之地，如此就可以將匈奴完全驅逐出去了。

張騫回國後，漢武帝又再指派他率領使團出使西域，聯合「烏孫」以對抗匈奴。這一次，張騫的使團從大宛，經過康居國，再向南經過大夏；抵達大夏後，又向西前往安息國（今伊朗）。

自此以後，大漢與西域間的使團和商旅往來更加頻繁；為了保護這些過往使團和商旅，漢武帝甚至還將長城修築至河西。正因如此，陸上的絲綢之路得到更充分的開發，使中、西文化產生更多交流。

當時，絲綢之路上所經過的西域各國多已信奉佛教；這些來華的商旅和使節，可能或多或少也會將佛教帶進長安。雖說佛教在當時還並未受到重視，但這段歷史的發展，應當也會為佛教的傳入發揮潛在影響。

東漢：漢明帝感夢求法

到了東漢明帝永平十年（西元六十七年），有更多佛經傳入中國。據《後漢書．西域傳》記載：

世傳明帝夢見金人，長大，頂有光明，以問群臣。或曰：「西方有神，名曰佛，其形長丈六尺而黃金色。」帝於是遣使天竺問佛道法，遂於中國圖畫形像焉。楚王英始信其術，中國因此頗有奉其道者。後桓帝好神，數祀浮圖、老子，百姓稍有奉者，後遂轉盛。

慧皎所撰《高僧傳》也記錄了此事，可與史料相互補充：

漢明帝夢一金人於殿廷，以占所夢，傅毅以佛對。帝遣郎中蔡愔、博士弟子秦景等往天竺。愔等於彼遇見摩騰、竺法蘭二梵僧，乃要還漢地，譯《四十二章經》。二僧住處，今雒陽門白馬寺也。

一日夜裡，漢明帝夢見一位會發光、身材極高大的金人在殿堂中。第二天，他就在朝堂上讓大臣們為他解解夢。

太史傅毅便回答：「臣在《周書異記》中曾見過一段記載：周昭王即位二十四年後的四月八日平旦時分，所有的江、河、泉、池都忽然高漲，連井水也溢出了地面，狂風大作，宮殿、房舍、山川、大地，全都震動起來。入夜，還有五色光芒入貫太微，西方成青紅色。

「周昭王便問太史蘇由：『這是什麼徵兆？』蘇由說：『西方將有大聖人要誕生。』周昭王又問：『這對我朝將有何影響？』蘇由回答：『現在暫時還沒有，但一千年後，他的教化會傳入我土。』周昭王於是便命人將此事刻於石碑，埋入南郊的天祠前。」

傅毅說至此，算算從周昭王至漢明帝，約略就是一千年，因此便推測，漢明帝所夢見的金人，應當就是蘇由所說的「聖人」。於是傅毅又說，聽說西域有一個神人，全身都是金光閃閃的，人們都稱之為「佛陀」；皇上所夢見的金人，應當就是「佛陀」。

漢明帝聽了，覺得這是吉兆，便派出使臣中郎將蔡愔及秦景等十八人，前往天竺（印度）迎請僧人及佛經。就在經過大月氏時，正好遇上了在大月氏傳教的迦攝摩騰和竺法蘭兩位印度高僧。三年後，蔡愔便迎請了這兩位高僧，前往洛陽（東漢首都在洛陽）宣講佛法。

為了招待兩位高僧，漢明帝在洛陽以外三里的御道之南，興建了供這兩位高僧起居及翻譯經文的「白馬寺」，以做為他們居住的官署；據說，是依照印度祇園精舍的樣式建造。遺憾的是，原始的白馬寺已經不存；現今所見到的白馬寺建築及寺內的雕塑和碑刻等，多半是明、清時期的遺物。

在印度，出家人所住的地方叫做「精舍」，如佛陀所住的地方叫「竹林精舍」、「祇園精舍」或「僧伽藍」，並不稱為「寺」；「寺」是中國的名稱。

在古代，「寺」原本並不是指佛教的寺院，而是官署的名稱。比如，「鴻臚寺」是接待外賓的機關，「太常寺」是掌管宗廟祭祀的機構，「太僕寺」是周穆王時所設置的中央機構。秦、漢時期，在九卿中設有「太僕」，負責掌管車馬；因此，當時的「太僕寺」就是指掌管朝廷車馬的機構。

秦、漢時期，外國使節、異域的僧人及商旅等來到中國後，都是由負責外交事務的「鴻臚寺」負責招待；當時，對佛法或佛教教義及禮儀感興趣的，都會到鴻臚寺去請教和學習；此外，在鴻臚寺裡也會舉辦一些法會。久而久之，就將僧人所居住之地也稱為「寺」。之後為了做出區別，便將弘揚佛法之處專稱為「佛寺」。

白馬寺不僅收藏了傳入中國的最早佛經，也是中國最早的譯經道場，譯出了中國第一部佛經，興建了中國第一座古塔，讓第一個漢人（朱士行）在此出家受戒，也是進入中國的第一個菩提道場，更是中國佛教發展的第一個源頭，故而號稱「中國第一古剎」。

兩位印度僧人隨蔡愔來到洛陽時，用白馬馱來了佛像和許多佛教的經卷，所以便將這兩位僧人用於譯經的場所定名為「白馬寺」。兩位高僧積極著手翻譯佛經，其中最有名的就是《四十二章經》。《四十二章經》並不是完整的佛經，它只是許多佛經的摘錄，共摘錄了四十二章，就相當於語錄一般。

自東漢末年白馬寺開始翻譯佛經後，便絡繹不絕地有來自西域或者印度地區的高僧前來中原，從事譯經或傳播佛教。

相傳，《四十二章經》譯完後，朝廷便將經文藏於朝中後書房的石室裡，之後才流傳於世。正因如此，兩位高僧雖馱來佛經，也譯出了經典，佛教卻沒有因此得到廣傳。此外，從漢明帝至漢桓帝期間，另兩位譯經高僧安世高及支婁迦讖來到中國以前，這八十年間的史料罕見有關佛教的記載。

此時，「寺」還不是寺院的專名；直到康僧會來到建業弘法，孫權為他興建了「建初寺」和阿育佛塔後，「寺」才明確地成了佛教道場的專名。這是個很重要的里程碑，表示佛教「寺院」之專稱，是因康僧會的傳法而被正式確立。至於康僧會的傳法，則是承襲了安世高及支讖的「佛教中國化」模式。

因為佛教是以「中國化」的方式進入中華大地，使得傳統的儒、道思想也開始與佛教進行融合。無論是魏晉南北朝的玄學，或者宋明時期的理學，都鮮明地存有佛教所給予的養料。此外，佛教的經典中，有些文學性極高的作品，也深切地影響中國古代的文學發展；尤其佛教的敘事風格，也推動了後來的「話本」、「小說」及「戲劇」等文學體裁的發展。佛教的一些詞語，更是被廣泛地運用，比如「菩薩」、「清規戒律」等，都是源於佛教。在中華大地所出現的大量佛塔、佛像，及體現佛教內容的版畫、壁畫、石窟等，也是佛教傳入中國後所形成的文化、思想及藝術的豐富成果。

由以上說明可知，佛教傳入中國的具體時間，比較普遍的說法，應當是在西漢至東漢之間。至少在西漢末年（西元前二年），佛經已帶至中土，佛教文化便正式在中華大地傳播了。

最早傳入中土的佛教論書

從先秦起，儒、道兩家都是中華文化及思想的主流。到了漢代，還為儒家經典專門設置「博士」官；儒家經典的傳承有著嚴謹的師法和家法，使得儒家學說的理論和思想更成了學術及文化的最主要依據。

西漢至東漢期間，佛法開始傳入中國。但是，以儒、道兩家思想為主流的中華大地，又豈能輕易去接受一外來的思想呢？這個難題，首先便成了佛法傳入中國所必須面對和解決的困境。

此外，佛教中還有如「割愛辭親」、「出家修道」等主張，這些都與一向重視人倫關係的傳統中國文化產生強烈牴觸。《孟子．離婁上》說：「不孝有三，無後為大。」一旦出家了，就會拒絕婚姻制度，豈不就得斷後？這對一向重視家族興旺的中華民族，無疑形成極嚴峻的威脅！

佛教若要在中華大地傳揚，就得設法將這與倫理傳統衝突的概念進行合宜的調節；而這番調節的便宜之道，就是使佛教中國化。

兩漢時期，除了儒、道兩家思想鼎盛，當時在社會上還普遍瀰漫著方士及迷信思想。東漢末年，道教已逐漸形成；佛教所主張的禪定功夫，正好與道教所強調的呼吸吐納等修道之法有些相近之處；因此，道教當時將佛教視為與自己理論極相同的宗教。這個美麗的錯誤，卻也讓佛教中國化產生了一些有趣的現象；在一般百姓還弄不清兩者有何差異時，常會將佛像與老子像擺在一塊兒供奉。

此外，佛教也在嘗試將佛學與儒學進行相互融合；於是，佛教便得不斷在教義上進行合乎儒家思想的調整。比如，在傳播「五戒」（不殺生、不偷盜、不邪淫、不妄語、不飲酒）時，便時時與儒家倡導的「仁、義、禮、智、信」等「五常」附會，且強調兩者是「異號而一體」。

佛教中國化後，不僅使佛教的傳播更為普及，同時也使中國文化在佛教文化的影響下，變得更加豐富多彩。

然而，佛教的傳播，並不是只倚靠異域的僧人；在交趾生活的儒生牟子，就是其中的典型代表。

成書於東漢末年的《理惑論》，是透過問答的方式來宣揚佛法。因為是東漢末年太尉牟融所撰——另一說法則以為，是東漢末年、外號「蒼梧隱士」的牟子（字子博）所撰，所以又稱為《牟子理惑論》。

漢靈帝去世後，出現了三國鼎立的局面。為避難，牟子便與母親從蒼梧（今廣西梧州）遷居至政局安穩的交趾。交趾當時也有許多從北方避難於此的知識分子，他們多擅長神仙辟穀之術及黃老學說，牟子因此才會以儒、道思想透過問、答的辯論方式來宣講佛法。

《牟子理惑論》，共有三十七篇，分成四個部分——

「以儒質佛，以儒釋佛」：引用儒家經典質疑佛家，再以儒家典籍或歷史典故回答其質疑。

「以儒質佛，以道釋佛」：引用儒家經典質疑佛家，再用道家思想答覆質疑。

「以道質佛，以道釋佛」：引用道家典故質疑佛家，再用道家思想回覆其質疑。

「以道質佛，以儒釋佛」：引用道家典故質疑佛家，再以儒家思想或歷史典故答覆質疑。

在《牟子理惑論》的序傳說道：「（牟子）於是銳志於佛道，兼研《老子》五千文。」牟子非常專注於研修佛理；但為了能推廣佛法，他也採取了「佛教中國化」的辦法，將佛教依託於《老子》。在《牟子理惑論》的「第二十五問」中，牟子曰：

既吾睹佛經之說，覽老子之要，守恬憺之性，觀無為之行，還視世事，猶臨天井而闚溪谷，登嵩岱而見丘垤矣！

牟子不僅想借用老子思想來宣揚佛法，還想將《老子》佛教化、佛教《老子》化。因為，當時的佛教，實在是很難脫離道家思想而獨存，牟子才會運用《道德經》及《莊子》來闡釋佛理。

為了說明詮釋佛理為何須援引《老子》及《莊子》，他在《理惑論》中還說了一則被後世演為「對牛彈琴」典故的故事：

公明儀為牛彈清角之操，伏食如故。非牛不聞，不合其耳矣。轉為蚊虻之聲、孤犢之鳴，即掉尾、奮耳，蹀躞而聽。

相傳公明儀極擅長演奏七弦琴。有一次，公明儀行走在風光明媚的郊野，一時興起，便想為牛演奏一曲高雅的〈清角之操〉。但是，公明儀無論演奏得多高妙，牛卻依然只顧著低頭吃草，完全充耳不聞。

公明儀心想：對了！應該是因為牛群平日聽的不是這樣的聲音吧！於是，公明儀便用琴聲模仿蚊蠅鳴叫和乳犢的哞哞聲；牛聽了不僅立即豎起耳朵，還甩著尾巴在趕牛虻。可見，不是公明儀彈奏的曲子不夠優美，而是人類的音樂根本不適合牛群啊！

佛教雖在西漢便已經傳入，但直到東漢末年，精研儒家和道家思想的知識分子仍無法接受佛理教思想。牟子既尊崇佛法，對佛理研究又頗有心得；為了使佛教的傳揚能免去一些樊籬，他便徵引《詩經》、《尚書》、《孝經》、《老子》和《莊子》等儒、道兩家經典來解釋佛法。旁人感到不解，便問牟子原由；牟子於是向眾人講述這個「對牛彈琴」的故事，再解釋說：你們都熟悉儒家和道家經典，我便引用儒家和道家的經文來與你們說解佛理；你們沒讀過佛經，我若是直接跟你們談佛法，你們又豈能明白？

佛教初傳入中國時，除了多被視為神仙黃老之術，衛道之士對佛教義理也不斷提出質疑。處在這樣的歷史背景下，牟子除了援引道家「自然無為」、「清心寡慾」等思想，使佛教與中國文化找到能相互融合的契合點；此外，牟子還大量引用儒、道典籍中的譬喻，藉此化解各方的疑慮。

牟子究竟如何融通儒、釋、道思想，該書的「第十三問」便是其中的典型代表：

牟子曰：若子之言，所謂見外未識內者也。孔子疾子路不問本末，以此抑之耳。《孝經》曰：「為之宗廟，以鬼享之；秦秋祭祀，以時思之。」又曰：「生事愛敬，死事哀慼。」豈不尅人事鬼神，知生死哉？周公為武王請命曰：「旦多才多藝，能事鬼神。」夫何為也？佛經所說生之趣，非此類乎？《老子》曰：「知其子，復守其母，沒身不殆。」又曰：「用其光，復其明，無遺身殃。」此道生死之所趣，吉凶之所住，至道之要，實貴寂寞。佛家豈好言乎？來問不得不對耳，鐘鼓豈有自鳴者？捊加而有聲矣！

牟子用儒家經典中的生死、鬼神、祭祀等記載，說明人死後還是會有知覺；既然如此，活著就得為「死」做預備，使生命能合於中道。然而，如何才能合於中道呢？牟子舉《老子》所強調的「貴其母」、「歸根守靜」為例說明，只要能清淨地不被外在幻象所欺騙，就能夠守住自性；自性守住了，就一定能合乎中道。

為了讓更多知識分子能接受佛教，在《牟子理惑論・第八章》中即說：

牟子言：書不必孔丘之言，藥不必扁鵲之方；合義者從，愈病者良。君子博取眾善，以輔其身。

牟子想打破世俗的陳舊觀念，認為經典最重要的是能「博取眾善，以輔其身」；如此一來，牟子便能以佛教中的「正念」去說服儒、道學者。「佛教中國化」是當時佛教傳播的唯一辦法；北方縱然有安世高和支讖，影響力仍非常有限。反觀交趾，除了有安定的政局、繁榮的國際貿易，還有羸樓佛教中心、大量南下的知識分子，以及願為佛理而著述的牟子……

這些都令當時的交趾在學術、文化、思想、經濟等各方面能形成弘揚佛法的搖籃。康僧會出生、成長、受教都在這樣的氛圍下，自然能使他成為貫通儒、釋、道三家思想的高僧。我們甚至可以這麼說：交趾似乎是為造就康僧會這位一代高僧，而具足了一切條件，使康僧會能讓佛法以更為中國化的面貌，使江南眾生能欣然接受。

康僧會生活在有牟子學說的基礎下，在儒、釋、道三者的貫通上頗有優勢條件；此外，康僧會還能在這基礎上更往前跨越——他要在儒家的經典中找尋可與佛教因果輪迴合一的思想，使佛教教義更能被知識分子所接受。

儒家思想的嚴重式微

東漢末年，朝堂上始終是外戚、宦官交替專權，令政治愈來愈腐敗，社會矛盾日益惡化。桓帝、靈帝時，還發生了「黨錮之禍」，使得一些耿直大臣被誅殺殆盡。民間也有不少知識分子被殺害、禁錮，加上天災連連，更導致了起義不斷，處處皆有軍閥割據，導致漢朝滅亡。

遺憾的是，儒家思想似乎無法為當時的困境提出一解決良方；於是，許多士大夫便想尋求一些能救世的新思想及理論。

此時，士大夫的思維已開始在轉換；雖然仍研讀儒家思想，卻更尊崇道家及玄學思想。知識分子也不斷著書立說，主張要重法治、核名實、舉賢才及整飭吏治，目的就是希望拯救深陷於水火的東漢政局。

「挾天子以令諸侯」的曹操，為了實現一統天下的目標，便大力網羅人才。只是，在他的「求賢令」中，竟出現了「負汙辱之名、見笑之行，或不仁不孝而有治國用兵之術」者，皆能起用。這對一向重視忠孝節義的儒家思想，無疑是重大打擊；也正因如此，曹操便在史上埋下了難以抹滅的惡名。

「建安七子」之一的徐幹，還寫了篇〈中論〉，主張才智高於志行、權謀高於韜善，對那些知修二義卻不知用武、懷讓心而不知佞偽、守節而不知權的歷史人物，一一予以譏諷，更導致儒家思想的根基遭到嚴重動搖。

此時，皇帝既已形同虛設，政治上自然就得提倡「無為」，玄學便因應而生。何晏、王弼用《老》、《莊》注解《周易》、《論語》，也形成了流行的玄風。中國的本土宗教「道教」，便在如此的氛圍下正式建立了。

之後，還爆發了利用道教教義而組織的「黃巾起義」（黃巾之亂）；起義失敗後，道教遭到禁錮，促使道教遭到嚴峻的打擊。多災多難的東漢末年，儒家、道家及道教都一一遭到嚴厲擊打，便使得佛教稍有傳播的空間。

第一位將大乘「般若學」傳入中國的，是於漢桓帝建和元年（西元一四七年）來到洛陽的月氏人支婁迦讖。支婁迦讖稟承法戒，以精勤著稱，奉誦群經，志在宣揚；短短七年間，支婁迦讖譯出的佛經便有十五部、三十卷。其並常與天竺沙門竺佛朔合作譯經；比如，他們所譯的《般舟三昧經》，便是由竺佛朔宣讀梵文，支婁迦讖譯為漢語，再由漢地居士孟蓮負責記錄。

當時在洛陽同時從事譯經的，還有支曜、康居、康孟祥等；他們不僅譯經，還講經傳教。為了能方便傳教，他們還從大量的佛經中摘出要點，做成了經抄本。

佛經的翻譯，不僅是建立中國佛教的基礎，同時也激盪、豐富了中國傳統文化，為中國的文學作品注入了不少的新活力。佛經翻譯的起始階段，多半是由外國僧人用梵語口述佛經，再由一譯員將其轉述成中文。他們在翻譯時，周邊還坐滿了中國僧人，將譯員所轉述的佛經用中文記錄下來後，再進行整理和編輯成冊。

無論是初期階段的譯者，或者是負責記錄的中國僧人，他們未必能夠完全掌握兩國語言；更何況，漢語中本來就極缺乏能夠記錄梵語的語詞。因此，許多僧人在翻譯佛經時，不是採取直譯，就是採用音譯，再加入些解釋。如此一來，所譯出的佛經，便會顯得較為粗糙且晦澀難懂，所翻譯的佛經效果自然不佳。

總括言之，在中國歷史上，佛經的翻譯可大致分為四個階段——
起初階段：西漢末年到西晉（西元前一四八至西元三一六年間）
發展階段：東晉至隋代（西元三一七至六一七年）
鼎盛時期：唐代（西元六一八年至九〇六年間）
衰落階段：唐以後（西元九〇六年）以後
東漢末年的譯經仍處於「起初階段」，主要具備了四個特點：
一、譯經者多為外來僧，他們或單譯、或合譯；雖有少量漢地僧人及居士參與，但多只是輔助，無法使佛教經義被精準地翻譯出來。
二、外來僧依照個人所帶入的經文進行翻譯，大、小乘經文皆有之，容易造成混淆，也不易區別。
三、當時弘揚佛教的主要工作是譯經，極少著述和注釋。

初期譯經面臨的困境與方便之法

四、譯經並未取得朝廷支持，多是由民間的知識分子和信徒資助。

東漢時期，在洛陽雖已有不少佛經被譯出，但世人還是將佛教與黃老玄學相混，漢桓帝甚至將孔子、老子、佛陀並行祭祀，認為他們皆能保佑皇族延年益壽、國家長治久安。諸如此類現象，便使得外來的譯經師既要依附於傳統的黃老道術，也要掌握住當時漢地所流行的方術。

於是，譯經師就得借助一些神通方術來吸引信眾；而大多的信眾，也只是對他們的醫卜星相之術比較感興趣，對佛教教義實是一知半解。此時，傳播佛法教義尚非最主要任務，如何讓佛教能被中華大地所接受，才是這個歷史階段所必須打下的基礎。

佛教自西漢時傳入，直到東漢末期這二百多年間，佛教的發展主要是集中在「譯經」上。據《開元釋教錄》所記載，當時流傳的經書有一百五十部、二百二十五卷，佚經有七十三部、一百三十五卷。

早期所翻譯的佛經，會因當時的一些歷史條件而導致某些缺陷。總體而言，早期所翻譯的佛經，主要呈現了三大困境：

第一，所抄錄的佛經經文不夠齊全。當時高僧們所能帶入的佛經非常有限，很多都只是部分經文，有些僧人是憑著記憶將所背誦的佛經抄錄下來；這些都會導致抄錄的佛經不全，影響到對佛教教義的理解。

第二，由不同語言所記錄的佛經，形成了翻譯上的困難。除了憑記憶背誦，大部分佛經都是用梵語書寫，或以西域各地的不同語言抄寫；於是，在翻譯過程中，語言便成了一極為棘手的障礙。這些異域僧人進入中華大地後，首先得學好漢語，或找一位精通梵語或西域各地語言的人來協助；即便能找到，能否翻譯準確？譯出的經文是否足夠流暢？也是當時所面臨的極大挑戰。

第三，對於佛法的掌握度，也是當時漢語面臨的極大難題。佛教的理論、觀念、範疇等，都不是中華文化原本便具有的；因此，究竟要如何翻譯、如何找到一可對應的範疇，都成了當時在翻譯佛經時面臨的極大難題。此外，文化的隔閡，更是翻譯佛經的極大困擾。

在翻譯佛經的初期，便出現了以上三種困境，使得這些譯者不得不運用一些和佛教理論、觀念、概念等較為相近的漢語語詞來翻譯。故而，當時所使用的方法主要有二——

一、以道家概念來翻譯佛教術語：因為，道家的許多思維，和佛教的某些概念顯得比較接近。

二、以神仙方術來宣傳：就是用道教與佛教相似的某些神通內容來宣揚佛教。然而。如此譯經，難免會導致許多人常將佛教與道教混在一談，很難釐清兩者之間究竟有何差別。

以上這兩種現象，最鮮明的案例就是《後漢書．楚王英傳》中所載：

楚王誦黃老之微言，尚浮屠之仁祠。

楚王英就是那位夜夢金人、隨即派出使臣去西域求法之東漢明帝的弟弟。透過這段史料我們不難發現，漢明帝之所以會夜夢金人，應該不是平白無故地；或許，佛教當時早已傳入，只是那時漢地對佛教的理解還太膚淺，才會將道家（或道教）及佛教視為等同，楚王英也才會藉著黃老思想去認識及領悟佛教義理。

到了東漢桓帝延熹九年（西元一六六年），宮中仍舊立祠奉祀黃老和浮屠。這在襄楷的奏文中，即可得到印證：

又聞宮中立黃老、浮屠之祠。此道清虛，貴尚無為，好生惡殺，省欲去奢。今陛下嗜欲不去，殺罰過理，既乖其道，豈獲其祚哉！

〈楚王英傳〉及襄楷的奏文，都將「黃老」與「浮屠」並提，也把這二者等量齊觀，就是因為當時幾乎都是將佛教與老子義理視為同等。於是，在廟宇中便常見到老子像與佛陀像並立；百姓進入廟宇，只當做是兩尊神明，拜了就能祈福。這便是佛教最初傳入中國時所呈現的信仰狀態。

東漢末年已有僧人來華譯經

東漢末年的桓帝和靈帝時，一些古印度及西域僧人紛紛前來洛陽，著手翻譯佛經，其中最具代表性就是安世高。

安世高是安息國（古波斯，約今伊朗）太子，故以「安」為姓。他自幼便非常好學，不僅通曉天文、風角（觀風之風力、風向等狀況占卜）等方術之學，也精通醫學。他能睹色知病、妙善診脈、投葯必濟，對佛教戒律也做過深入研究，並時時講經說法。

漢靈帝末年，中原戰亂，安世高至江南避亂、傳教，最終於會稽圓寂。安世高所傳的禪法，主旨在於講究是「養生成神」，相當於「小乘毘曇」。他所譯的經典，主要是講述小乘教義及修行之法；其譯經特點，則在於義理明晰、文字允正、辯而不華、質而不野，故而對佛教的傳揚產生深厚影響。所翻譯的重要經典，主要有《十二因緣經》、《安般守意經》、《陰持入經》

等禪修相關經籍。

據《高僧傳．安世高傳》所記載：

安世高以漢桓帝建和二年至靈帝建寧中二十餘年，譯出三十餘部經。

安世高於漢桓帝建和二年（西元一四八年）來到洛陽，所翻譯的佛典達三十五部、四十一卷，其中有部分佛經已流傳至交趾，其中的《安般守意經》，便是陳慧自洛陽攜帶而來的。陳慧又將《安般守意經》傳給康僧會，師徒倆還共同為此經作注，並由康僧會為之作序。康僧會到了建業後，便將支謙的大乘佛法及安世高的小乘融合為一，而成了到東吳傳法的重要奠基人。

漢靈帝末年，一位叫「安玄」的安息人到洛陽經商；他不僅精通漢語，還是個持戒的居士，對群經也多有誦習。安玄常與沙門講論佛法，並與漢地第一位出家人嚴佛調（約西元一一七至一九七年）合譯屬於大乘佛教的《法鏡經》一卷。此外，嚴佛調還撰寫了《沙彌十慧章句》，這是第一部由漢僧完成的佛教著作。

翻譯佛經雖在西漢末年便已展開，但直到東漢晚期，中原地區對佛教的認知仍相當生澀。所幸，在較為遠離戰火、生活相對安定的徐州（今江蘇省一帶），出現了與國都建業差異較大的現象。據《三國志・吳志・劉繇傳》記載：

> 笮融……大起浮屠祠，以銅為人，黃金塗身，衣以錦采。垂銅槃九重，下為重樓，閣道可容三千餘人。悉讀佛經，令界內及旁郡人有好佛者，聽受道，復其他役，以招致之。由此遠近前後至者，五千餘人戶。每浴佛，多設酒飯，布席於路，經數十里；民人來觀及就食，且萬人，費以巨億計。

東漢黃巾起義後，在徐州官府任職的丹陽人笮融，因信奉佛教，便利用職權大興佛寺。其所建造的佛寺大多宏偉繁華，不僅是以銅鑄佛，還在外層塗以黃金，每尊佛像又再以最精緻的絲織品做外衣。最為特別的是，他所建的佛寺沒有將佛陀與黃老並祀，這在當時是相當難得的。佛寺的閣樓道竟寬敞到能容納三千餘人，在此聽經聞法及研讀經文。當時所舉行的盛大浴佛法會，在數十里的範圍內都會鋪席擺設酒飯，以招待前來參會之人；來參加的信眾成千累萬，足見佛教當時在徐州已發展得頗為興盛了。

不過，這只是在徐州的情況，其他地區則並非如此。因為，支撐佛教教義的載體——佛經，直到東漢末年仍不見完整的經文傳入中原，這也是導致佛教傳承出現極大障礙的關鍵。

三國時期的譯經

三國鼎立後，佛教的發展主要在曹魏的首都洛陽，以及東吳的首都建業（今南京）；蜀漢則因史料不詳，以致無法得知其傳播情況。

東漢末年儒學已式微，當時統治者又利用「名教」來控制百姓，知識分子對統治者已產生極度不滿，便轉而從《老》、《莊》及《周易》的思想尋求慰藉，如此便導致了魏晉玄學的興起。不過，玄學多半只是為逃避現實，沒有什麼實質作用，故被稱為「清談」。當時，清談的主要代表人物有何晏、王弼以及竹林七賢。

清談之人多藐視禮教，追求個人的解放和自由；而佛教的般若經，也是在破除個人的煩惱、愚痴，展現精神上的絕對自由；兩者間似乎有些相通之處，便使得清談之人也會關注佛教中的般若經。當時的佛教僧侶多擅長玄學清談，在與知識分子的辯論中又常佔上風，如此便使得清談的知識分子更為關注佛學；也因此，使得佛教透過玄學，逐漸內化成中國哲學的一部分；到了唐代，便發展成中國哲學的一大主流。

一、東吳的譯經

三國時期，在東吳譯經弘法的，主要有支謙、康僧會、維祇難、竺律炎、支疆梁接等。

維祇難和竺律炎皆是天竺人，他倆是於黃武三年（西元二二四年）來到武昌。遺憾的是，他倆「未善漢言」，以致所翻譯的《法句經》等往往是「或得胡語，或以義出音，近於質直。」（《出三藏記集‧法句經序》）也就是說，若想讀懂他倆所翻譯的佛經，還得先懂梵語，否則便根本不知他們所譯為何。如此一來，便喪失了譯經的作用，故而他們所翻譯的佛經多不被流傳。

支謙則是一名居士，並未剃度出家。約漢靈帝時，他的祖父領著數百名族人，輾轉地從大月氏進入中原。因此，支謙雖是西域人，卻是在洛陽出生、成長，使他能完全地精通中國傳統文化和漢語。他又受教於支婁迦讖弟子支亮，故而他所傳習的是支婁迦讖以《般若經》為主的大乘佛法。

之後支謙因逃難，南下至建業，那一年孫權正式登基為帝。支謙為人謙遜慈悲，「博覽經籍」，又有「智囊」之稱譽。此外，支謙還精通六國語言，深得孫權賞識，「拜為博士，使輔導東宮，甚加寵秩」。孫權不僅命支謙擔任「博士」官職，還成為太子的老師，並護持他在南京的譯經。

在建業的三十年間，支謙共譯了三十六部、四十八卷佛經。所譯的《大明度無極經》，就是對《道行般若經》的重譯；此外還譯有《維摩詰經》、《大般泥洹經》、《法句經》等三十多部小部的經典，並注釋《了本生死經》。其中影響最大的，就是《維摩詰經》；《維摩詰經》是講在家居士維摩詰的故事，強調佛法不離世間，信佛未必得出家，關鍵在於能否有對於佛法的真實領悟及修行。

支謙的譯經，不僅為佛教在民間的立寺弘揚奠定了根基，也為後人對佛學之研究打下了深厚基礎。

由於支謙本是大月氏人，故而能從同族人中得著一些胡本佛經；於是，他在譯經時便與這些胡本進行校對，使他的翻譯更加完善。

此外，支謙也極擅長文辭和音樂。他根據《無量壽經》及《中本起經》，製作《贊菩薩連句》、《梵唄》三契，也就是將佛典經文注上音韻，使其能歌詠。

支謙在譯經及製作梵唄的貢獻，不僅使佛教在中華大地的傳播上跨出極大步履；也為十八年後（西元二四七年）進入建業傳法的康僧會，奠立了深厚的根基。

康僧會先祖為康居人，他則在交趾出生及成長，因此他跟支謙一樣，屬於漢化的胡人。前面提過，康僧會十多歲時，父母皆逝，便剃度出家，當時所學的是安世高這一系的小乘佛法。安世高曾經南下，將他的佛法傳給了皮業、陳慧、韓林等，康僧會正好是這些人的弟子，與他們學習的是禪法（禪修，非禪宗）。

總歸來說，東漢末年，佛教在洛陽的兩大支派，一是支婁迦讖的大乘佛法，藉著支謙傳到了南京。另一支是以安世高為主的聲聞佛教，藉著陳慧傳給了康僧會；之後康僧會又北上到了南京。於是，安世高的小乘佛法，便也隨著康僧會而傳入南京。

康僧會北上到南京傳法後，在建初寺譯出《阿難念彌經》、《鏡面王經》、《察微王經》、《梵皇王經》、《道品》及《六度集經》等。至於失佚的翻譯經文，則包括《吳品經》（小品般若）五卷、《菩薩淨行經》二卷、《權方便經》一卷、《菩薩二百五十法經》一卷和《坐禪經》一卷等。

除了譯經，康僧會還為《安般守意經》、《法鏡經》、《道樹》等經作注或序。《安般守意經·序》言：「陳慧注義，余助斟酌，非師不傳，不敢自由也。」此或說明，康僧會主要是協助陳慧通達其義理。但東晉高僧道安（西元三一二至三八五年）的說法則有些不同，其在《安般注·序》中曰：

魏初，康會為之注義，義或隱而未顯者，安竊不自量，敢因前人為解其下。

道安認為，康僧會應當不是只有協助恩師陳慧通其義理，還是有對經文進行注解；其注解的時間，約是在西元二二一至二二六年期間。

二、曹魏的譯經

曹操挾天子以令諸侯，雖崇尚名法之治，但名義上仍是以尊崇儒家思想為正統，對東漢以來廣泛流傳的黃老神仙道術和鬼神祭祀，一概採取嚴格限制；凡一切不符儒教的祠宇，就得遭到拆毀，連佛教的傳播也在禁止之列。所幸曹操當時，還未對僧侶及方士採取屠殺政策，他不過只是在防止他們，利用方術鼓惑百姓，而危及到他的政權。

曹魏因與西域的關係一向良好；到了曹魏中期，禁令開始鬆弛，一些印度和西域的僧人便來到了洛陽，從事譯經和傳教的活動。其中，來曹魏譯經的第一個僧人，就是「曇珂伽羅」，他是在曹魏嘉平年間，從中印度來到洛陽的；之後還有曇諦、安法賢、康僧鎧、帛延等。

他們當時對佛經翻譯的最重要貢獻，除了翻譯了幾部大乘經典，還譯出了出家人誦戒的「戒本」。當時的魏地雖也有一些佛教僧人，但他們並不懂佛教教義，也不明佛教戒律；即便出家，也不是按照佛教教律出家，不過是剃了髮，看似與常人裝扮不同而已。平時，他們會舉行齋戒，及從事一些屬於祭祀的活動。

曇珂伽羅來到中國後，應當地僧侶之要求，譯出了小乘大眾部戒律節選本《魏僧祇戒本》一卷，再請印度和西域的僧人來擔任戒師授戒。自此以後，魏地才開始按照戒律授戒度僧。

東漢末年，「大乘般若」的學說已傳入至洛陽，《般若經》的若干章節也被譯成漢文；只是，初期還不怎麼流行。魏晉時期，「大乘般若」學說逐漸吸引了當代研究玄學的知識分子；他們開始對大乘般若學說感興趣後，就用《老》、《莊》的玄學來解釋佛教的大乘般若學說。當時的僧人見狀，便開始研究及講說《般若經》的教義了。

當時，講解《般若經》思想較為有名的是河南許昌的朱士行（西元二〇三至二八二年）。朱士行原是學者，在曹魏甘露五年（西元二六〇年）時出家。出家前，朱士行便已在洛陽研究和講解由竺佛朔及支謙所合譯的《道行般若經》。

由於當時還是譯經的草創期，譯者因語言及文化的隔閡，使得譯經出現了許多問題。比如，他們會將一切領會不了的內容都刪去，所譯出的部分也有不少是屬於音譯，令人讀之不僅前後不連貫，亦難解其義，對「般若」更是難以解說清楚了。

《道行般若經》共有十卷，洛陽流傳的只是不完備的小卷本。朱士行當時雖已老邁，但為了要取得完整的《道行般若經》，便決心要前往大乘佛法已廣為流傳的于闐（今日新疆南疆的和田）。

于闐原是古代西域當中的一佛教王國，到了唐代成為安西都護府的安西四鎮之一。于闐是天山南路的東、西交通要道，印度佛教就是經由于闐傳入中國的。

朱士行到了于闐後，見于闐雖是大乘佛法廣為流傳之地，但當地真正居正統的仍是小乘佛法。正當朱士行準備派弟子弗如壇將所抄寫的九十章梵文《道行般若經》（又稱為「大品般若經」或「放光般若經」）帶回洛陽時，被于闐小乘信眾得知，便設法藉于闐國王之力加以攔阻。因為，于闐小乘信眾認為，大乘佛法屬於外道，若被朱士行帶回洛陽，豈不惑亂漢地正法的傳播？國王若不加以阻攔，就必成為佛法的罪人。

朱士行無奈，只好以焚經作為驗證方式：倘若經書未被燒毀，就應當把《道行般若經》傳回漢地。結果，經書入火竟然不焚，于闐國王和小乘信眾只好不再阻攔。終於在晉太康三年（西元二八二年）由弟子將所抄經本送回至洛陽。

透過以上從西漢至晉一統天下後譯經狀況的梳理可知，佛教傳入漢地的初期階段，首要之務便在譯經。但是，佛教畢竟出自印度，無論語言、文化、思維，都與漢地有著頗大差異，因而影響著佛經的翻譯。因此，佛經翻譯之所以能夠得到進展，便是先由精通兩地語言的安世高首先打破困境；

接著再由支謙和康僧會這般在漢地出生、長大的「外國人」，既精通梵語、西域語，中國傳統文化及經典方面更是學有所成、融會貫通，對梵語及漢語的連結自然較前人更為進步。

此外，佛教初傳入中國，為贏得世人接受，便不得不依附於道家及道教，導致弘法時須加入些神通色彩；若沒加入這些色彩，便較為難以引發世人重視。故而，康僧會四十歲北上建業傳法，就不得不以孫權所重視的「神通」，來誘導他認識佛法。

當然，建業也不是只有神通思想彌漫、左右著世人思想；尤其在東漢滅亡後，知識分子更想探究的是如何救世。這些知識分子除了精通儒、道兩家經典，對讖緯、天文、曆法、醫術等也無不耳熟能詳。若想在建業贏得知識分子的認可，康僧會就必須得先有融會儒、釋、道三家思想的足夠實力，方能在必要之時展現出智慧的光芒。

康僧會究竟用什麼神通來誘導孫權？他的智慧光芒又是如何展現？這就得從康僧會的北上傳法說起了。

第四章　康僧會北上南京傳法

會曰：「如來還迹，忽逾千載，遺骨舍利，神曜無方，昔阿育王起塔，乃八萬四千。夫塔寺之興，以表遺化也。」

四十歲的康僧會，在交趾不僅完成了儒、釋、道三家思想的學習，對此三家思想的融會貫通也達到了相當成熟的火候。此刻，不僅是康僧會該出來弘法的因緣已經成熟，同時也是佛法在漢地必須得有突破的開展。

佛教中國化，在安世高及支謙兩位大師之後，似乎已後繼無人。尤其大量的譯經工作，更需要有精通梵語、又精通中國傳統文化、對儒道兩家經典都能信手拈來而可與佛經相應的高僧，方能滿足知識分子對佛法的認可和興趣。

康僧會深知，如今是他在漢地弘法的重要時刻，這個重責大任他必須一肩扛起。

老邁的孫權雖迫切需要有一新的思想，來為他已日薄西山的東吳政局注入新的生命和活力；但是，當時的佛教與道教總是被混為一談。康僧會想度化孫權，若沒有運用些方便之法，絕不可能引起孫權重視。

因此，一到南京，康僧會自然得有些「異於常態」的舉動：自搭茅庵而不住鴻臚寺、道旁供奉佛像、求取舍利等，都成了康僧會欲在南京弘法所不得不為的方便之法。

當時孫權所統治的江南，佛教並未盛行；吳國一帶雖有佛法傳入，但佛教教義卻沒被普及廣傳。正因如此，康僧會還在交趾時才會在心中許下心願，他不僅要使佛法能振興江東，還要能在江東修建寺院。

獨居茅庵

十歲左右父母雙亡後，康僧會便在交趾出家。出家後，士燮太守原先為康僧會所安排的儒、道經典教育，康僧會從未中斷。自幼即格外聰穎的康僧會，精通梵語、康居語及漢語，熟稔地掌握這三種語言；這項能力，是康僧會在日後的譯經工作上能超越前人譯經成果的極重要關鍵。

為佛教獻身，是康僧會人生的唯一志向；無論這條路有多艱難，他都要一肩扛起這弘法立教的重責大任。於是，康僧會便拿起了錫杖，以水路一路向北，來到了吳國的首都——建業（今南京）。

三國時期，從交趾一路向北走，其實是相當艱難的。因為，當時的船運並沒有那麼安穩；而且，從廣西合浦一路向北走，還得翻越號稱「十去九不返」的「鬼門關」。這裡瘴氣濃厚，若沒有足夠堅定的意志，是絕對不可能翻越的。

東吳赤烏十年（西元二四七年），康僧會四十歲，他終於來到建業。一到此地，康僧會便在茅草叢生處搭起了茅庵；此外，他還在大道之旁供起了佛像。

當時吳國還沒有出家人，沒人見過僧人；因此，當康僧會一出現在建業時，他的穿著和大家有很大的差異，加上他又剃度，自然會立刻引起當地民眾的好奇和關注，甚至認為他的打扮頗為怪異。正是因為如此，當鴻臚寺官員向孫權奏報時才會說：「有個怪人入境，自稱是沙門，長相和服飾都跟一般人不同，應該予以仔細檢察。」

孫權聽了之後便說：「當年，漢明帝曾夢見一位神明，稱為『佛陀』。這個自稱佛教沙門之人，所做所為難道就是佛陀的遺風嗎？」因此，孫權便下命請這位沙門進宮。

孫權為何對漢明帝夜夢金人之事如此在意？因為，這是最早佛經被馱進中國的一件大事，洛陽還因此而興建了赫赫有名的「白馬寺」。如今，竟有胡人的沙門來到他的領地建業，這豈不是吉兆，孫權又怎能等閒視之！更何況，洛陽有的，南京當然也得有！

畢竟，在十八年前，有位長的瘦高黝黑、眼珠像是「黃色」，號稱「支郎眼中黃，形軀雖細是智囊」的胡人譯經師支謙，早已來到南京。支謙所帶來的佛教文化和佛教思想，多少也開啟了孫權從未有的眼界，這是孫權所以會對胡人沙門格外重視的一大原因。

支謙的祖父，當年領著數百名族人從大月氏輾轉地來到洛陽，支謙是個在洛陽出生、長大、完全受到中國傳統文化教育所薰陶的胡人。他的佛法受教於支亮，所傳習的是洛陽支婁迦讖以《般若經》為主的大乘佛法。

支謙的漢化非常成功，可以說是完全融合了漢、胡語言和文化的典型代表。支謙雖是個居士，卻深研佛法，他所持有的佛經，還是來自西域各種不同語言的版本，加上他精通六國語言；因此，支謙的所翻譯的佛經，不僅精準度更高，也能將梵文用最合適的漢語來表述。於是，他的譯經工作，便有著劃時代的重要性。

支謙因逃難而南下至建業，正好遇上了孫權登基為帝（西元二二九年）。支謙為人謙恭慈悲，學問又特別好，還精通六國語言，故贏得孫權的極度賞識。孫權除了請支謙擔任太子孫登的老師，還護持他在南京翻譯佛經。

孫權能護持支謙翻譯佛經，便表示他已經聽聞過「佛教」，對佛門應不陌生。如今，在支謙來後的第十八年，竟又來了一位外國沙門，孫權又豈能不喜出望外地認真對待！

至誠感得舍利

康僧會入宮後，孫權立刻召見他。奇怪的是，孫權除了問他佛教是什麼，還詢問他所傳的佛法究竟有何靈驗？支謙早已將佛教帶入東吳，孫權這麼一問，又像是從未聽聞過佛法一般。

孫權所以會如此，關鍵應該在於：佛教傳入中國後，至少到孫權時期，主要還是停留在譯經的工作上。此外，當時的佛教，是以「中國化」的方式，用《老》、《莊》、玄學以及道教的神通功能來傳播；廟宇中老子與佛陀並祀，是當時極為普及的現象。雖然人人或知有佛法，對佛法的內涵卻並不通曉，著眼點自然只會在其神通功能的靈驗上，也是不足為奇。

對於孫權的疑問，康僧會回答：

如來遷蹟，忽逾千載，遺骨舍利，神曜無方！

意思是說：如來佛祖離世已千餘年，佛陀的遺骨舍利雖有不少不知流落到什麼地方，然而阿育王曾造八萬四千座佛塔，塔寺的興盛程度正表明了佛陀所遺留的教化。

康僧會所表述的，孫權並不能明白。他的意思是說：佛陀都已涅槃一千多年了，他的遺骨舍利卻仍不斷生出，發揮著教化人心的作用；這豈不證明，佛陀的教義仍是生生不息嗎？這不是「死」，而是「生」，所以稱為「往生」；因為，其精神已斷生死，達到不生不滅的境界。

此外，為放置佛陀的舍利，在阿育王時就已經造了八萬四千座塔了，如今各地又陸續在建佛塔，就是因為佛陀的舍利還在不斷生出；佛陀雖離世，其影響力卻反而更加擴大，就像一不斷茁壯的大樹，根脈一直在向遠方延伸，佛教傳播得有多遠，佛骨舍利便也隨之傳播得有多遼闊。

孫權實在無法理解康僧會所傳達的深度，他的著眼點還是在神通上，心想：佛教真有那麼大的神通嗎？於是就對康僧會說：「你若能求得如來舍利，本王定當為如來舍利而造塔；此外，還要為你建造寺院，讓你能弘法宣教。但是，如果你誇大不實，就得接受國法懲治。」

康僧會請求孫權給予他七天期限，孫權同意了。康僧會離開後，回去便立即召集弟子們禮佛，並說：「佛法在吳地的興廢就在此一舉了！一定要展現最大的虔誠才行。」

於是，康僧會和眾弟子們一同將齋堂打掃乾淨，再將銅瓶放在几案上；這銅瓶是由孫權親自封口的。康僧會與眾弟子們一同虔誠焚香跪拜，恭請佛祖能賜予舍利。然而，七日之限將至，銅瓶卻寂然無聲；康僧會於是向孫權請求，再給他七天期限。孰料，第二個七日轉眼又到，銅瓶內卻還是毫無動靜。

孫權非常生氣，認為這根本是詐欺，正準備要懲治康僧會時，康僧會卻向孫權請求，希望能再允許延長七日；令人驚訝的是，孫權竟破例地又答應了。康僧會回去後對弟子們說：「孔子說：『文王死後，一切文化不全都在我這裡嗎？』佛法如雲，覆蓋著一切，本就該應運而降；我們若再感受不到，又豈能再請求孫權給予寬容？我當以死求之，若再無舍利，我願以性命負責。」

到了第三個七日傍晚，銅瓶裡依舊什麼也沒有，弟子們無不驚慌害怕，康僧會卻依舊如如不動，繼續帶領弟子們一同跪拜祈禱。到了五更時分，突然聽見瓶子裡有鏗鏘之聲，康僧會立刻上前觀看，果然看到銅瓶裡有了佛陀舍利。這真是康僧會精誠所至的結果啊！

第二天清晨，康僧會便將舍利親自獻予孫權；文武百官聚於朝堂之上，想一睹舍利之真容。此時，五色光芒突然照耀於瓶上，顯得繽紛至極。孫權於是手持銅瓶，將舍利倒在銅盤裡；舍利才一觸碰到銅盤，銅盤立即破碎。孫權大感驚奇，也非常高興地認為：「這真是少有的祥瑞啊！」

康僧會於是走上前去對孫權說：「舍利的神威豈止是光相！用火去燒它，火無法將它焚燬；即便是用金屬做的大錘，也無法將它擊碎。」

孫權聽後，立刻命大力士試試。康僧會又更堅定地說：「法雲覆蓋，百姓全仰仗著它的恩威；希望能再讓我顯現舍利的神力，讓大家能見識到它的威力和靈驗。」於是，康僧會便把舍利放在一鐵砧之上，命大力士用力捶擊；結果，鐵砧和鐵錘已全都陷到地裡了，舍利卻絲毫無損。

孫權看了之後實在是太感佩了，自此以後，便開始虔誠地信奉神佛，並下令要為佛陀舍利建塔。據唐代釋道世的《法苑珠林・卷五十一・敬塔篇》

中記載，阿育王所建佛塔共有八萬四千座，在華夏大地上的就有十九座；而這十九座中，就包含了建在南京建初寺裡的阿育王塔。

由搭茅庵到建寺

除了建塔，孫權還要在南京為康僧會蓋一座寺院；由於這是江南出現的第一座佛寺，所以便取名為「建初寺」，孫權還將這地方命名為「佛陀里」。自此以後，江東一帶的佛法便大為盛行；而康僧會所求得的舍利子，也被存放在建初寺的佛塔內。

前文提到，康僧會與其他胡人僧侶最大的差異，就是他不願住鴻臚寺，而是自搭茅庵，並於道旁供奉佛像。康僧會為何要如此呢？原因就在：「時吳地初染大法，風化未全。」（《高僧傳．康僧會傳》）安世高及支謙的譯經工作，雖使佛教得以出現在江南；但是，佛教究竟為何？教義何在？佛教為何會有出家人？出家目的為何？佛教是由誰所創立的……對於這些問題，江南地區的百姓顯然毫不知曉。孫權即便已護持支謙譯經，但對佛教的認識，仍停留在與道教相近的神通觀，幾乎沒有多大區別。

康僧會對江南的情況太瞭若指掌，故而才要：

欲使道振江左，興立圖寺，乃杖錫東游，以吳赤烏十年（《廣弘明集》引韋昭《吳書》作「赤烏四年」）初達建業，營立茅茨，設像行道。

康僧會之所以前往建業，就是希望除了翻譯佛經外，更想將佛教的教義、宗旨、由誰所創始等知識，全都能在江南地區教導和傳播。既要在江南傳播佛教，搭茅庵是最為便捷、也是較能與民眾親近的最佳方式。

此外，佛教的教義若要能更準確地傳揚，就得在江南興建起屬於佛教的寺院；寺院裡得供奉釋迦牟尼佛像，還要有僧人；除了供佛、禮佛、翻譯佛教經典外，還得教導佛教要義。佛寺必須成為只為佛教而服務的所在，再也不能成為一外交官署（「寺」本為官署名稱）。否則，佛教的教義非但無法釐清，還會永遠只能成為一附庸——不是附在外交官署下，就是得披上道教及儒家思想的外衣；這雖是佛教中國化的方便之法，但也多少阻礙了佛教的宣揚。

佛教寺院是向大眾開放的，誰都能進入，這便是佛法所強調的：清淨、平等、覺。寺院裡供奉著佛像，是為提醒世人得向釋迦牟尼佛學習，才能認清自己的本相，以回歸「中道」。禮佛不是為了求神通，而是既感恩世尊的教誨，也提醒自己得回歸到中道的覺性。

康僧會以興建佛寺做為在江南傳法的重要工作之一，顯然是在安世高及支謙等人的基礎上，將佛法傳布更往前推進了一大步。這是康僧會想讓佛教能夠獨樹一格，不再只是附屬，能更明確地被教導和傳揚所做出的重要鋪墊。康僧會的這一步做得特別有智慧，對中國佛教的發展無疑產生了極重要的影響。

感得舍利只是振興「佛道」之善巧

《高僧傳．康僧會傳》言康僧會「欲使道振江左」，這個「道」指的就是「佛道」；康僧會希望，能將佛教的道理在江東一帶真正地振興及廣傳。但什麼是「佛道」呢？在《佛說四十二章經．第二十七章》中，佛陀便已解說得非常清楚：

夫為道者，猶木在水，尋流而行，不觸兩岸，不為人取，不為鬼神所遮，不為洄流所住，亦不腐敗，吾保此木決定入海。學道之人，不為情欲所惑，不為眾邪所嬈，精進無為，吾保此人必得道矣。

釋迦牟尼佛強調：一個修道之人，就如同把一根木頭放進水裡，這根木頭若是順著水流向前漂行，沒有被河水兩岸的土石所阻礙，沒被人取走，沒被鬼神阻擋，沒被水中的漩渦阻擋，也沒有腐爛，必定能漂進大海裡。同樣地，修習佛道的人，只要不被情欲所迷惑，不被各種邪見給擾亂，勤奮專一地修習佛理及佛法，佛陀保證此人一定能得道成佛。

由此便能明白，佛教的宗旨絕不是修練神通，而是在於使「我執」的一切綑鎖都能被徹底解除，再也不會成為我們生命中的羈絆。

要度化孫權，其實是相當困難的。雖說早在黃武五年（西元二二六年），交州刺史呂岱便已派遣使者朱應及康泰，往林邑、扶南等地進行訪問，這些國家也同樣派出使臣向東吳回訪，使得中國與印度之間得以開展文化及宗教的交流，佛教自然也隨之傳入東吳。但已事過二十一年，康僧會來到南京所見到的，仍是一位對佛法似一無所知的孫權。

孫權雖知有佛教和佛法，但他壓根就非常迷信鬼神、神仙，對各種徵兆、神通又特別地信以為真。黃初二年（西元二二一年），孫權成為吳王後，某次與「張昭論及神仙」時，大臣虞翻並不認可，便指著張昭說：「彼皆死人，而語神仙，世豈有仙人邪？」在當時，虞翻的思想可說非常前衛。自古以來，總是將死去的先人稱為鬼神，張昭的思想便是傳統思維的代表；虞翻卻與眾不同，認為人一旦死去就什麼都沒了，哪有可能還成為神仙？

張昭和虞翻的辯論，既不傷大雅，也不影響朝政，孫權卻出乎意料地「遂徙翻交州」——將虞翻以等同犯重罪來處置，將他流放到交州（約跨今廣東、廣西兩省及越南北、中部），豈不是太過專斷也太隨心所欲。

又比如嘉禾六年（西元二三七年），孫權因目睹「赤烏集於殿前」，覺得這是個極大的祥瑞，便把年號改為「赤烏」（《三國志·孫權傳》）。太元元年（西元二五一年），「臨海羅陽縣有神，自稱王表，周旋民間，語言飲食，與人無異。」這個王表不過是民間的一介神巫，而且看起來與普通百姓一樣；孫權得知這消息後，竟然極慎重地派遣了中書郎李崇帶上「輔國將軍羅陽王印綬」去迎接王表，孫權自己還親自「於蒼龍門外為立第舍，數使近臣齎酒食往」。

一個民間的神巫，竟能贏得孫權如此恩寵對待？這說明了，孫權在天災人禍前是何等無助和無奈，才會將神通看得如此認真。

正因如此，孫權對康僧會能否求得舍利才會如此看重。孫權兩度接受康僧會的寬延請求，與其說是大度雅量，還不如說是更體現了孫權對神巫迷信的在意，心態與曹操無異。當曹操得知在鄴城附近發出一道金光，便火速派人前往探看；竟在發光處挖出了一隻銅雀！曹操以為是大大的祥瑞，便在鄴城興建了「銅雀臺」。他二人的心態其實是完全一樣的。

已日薄西山的孫權，太迫切渴望東吳能氣象一新；他或許認為，康僧會能否求得舍利，正是東吳能否時來運轉的徵象。第一個七日，康僧會未能求得舍利，孫權當然願意再寬延七日；第二個七日還是未求得，孫權縱然失望，但也不願放棄，才會再給康僧會又得寬延七日的恩賜。終於，康僧會的專注、虔誠與信心，將佛陀的舍利給求來了，讓孫權甚感驚奇！

但是，孫權的驚奇，究竟是識得佛法？還是仍停留於神通迷信？從敦煌莫高窟三二三石窟中唐人所繪《康僧會建業布教圖》，或許便能解明箇中答案。

在這幅《康僧會建業布教圖》中，孫權看見了康僧會所求得的舍利後，便一手鼓掌，另一隻手則指向五彩放光的舍利子，既感到神奇，還不斷向康僧會請教此事。

在《高僧傳》中的描述是：「既入五更，忽聞瓶中鎗然有聲，會自往視，果獲舍利。」若康僧會求得舍利之時，舍利便已五彩放光，康僧會何需向瓶裡觀看？顯然，當時康僧會只聽見瓶中所發出的鏗鏘之聲。第二天，康僧會上朝將舍利上呈孫權時，方有「五色光炎，照耀瓶上」；也就是說，康僧會將舍利獻予孫權後，孫權在朝堂上向文武大臣展示時，五色光炎才照於瓶上。

舍利之威，並不在外表能否光彩動人；舍利可以非常樸實，但其內在卻肯定有著難以言喻的內涵。舍利的寶貴，是因其出自佛陀；對孫權及其文武大臣之類的凡夫，則還是得以五色光炎來吸引，這便是對肉眼凡胎所不得不展現的異象。

畫此壁畫之人，或正想藉此譏諷孫權，不知「道」之可貴乃在於能「出死入生」、「生生不息」、「死而不亡者壽」，是「虛而不屈，動而愈出」，是「綿綿若存，用之不勤」。在「道」裡，看不到「死」，看不到盡頭，永遠是周而復始、源源不絕地體現著天長地久的生命。「道」的價值和力量，是由內在而生發，也是由內在而向外體現；正因如此，「道」永遠是「被褐懷玉」的，又豈需以五彩放光來體現？說白了，五彩放光在「真道」面前，其實是太微不足道了；只有對於根性差的凡夫，才須以五彩放光來示現。

不過，支謙和康僧會所以能在南京順利弘法，主要還是得力於東吳地區的寬鬆政策。正因如此，在支謙及康僧會的努力下，南京的佛教竟然發展到可與北方洛陽的佛教分庭抗禮。

然而，孫權又為什麼要大力支持佛教？因為，在三國時期的戰亂時代，非常需要一個新的思想和精神寄託，來安撫在動盪中流離遷徙的一般百姓。因此，當支謙從洛陽避難來此，孫權聽聞後高興得不得了，故而史書記載：「孫權聞其才，召見悅之。」十八年後，又來了一位滿腹經綸的胡僧康僧會，孫權自然喜出望外；因為，康僧會若果真是位精通佛法的高僧，一定會帶來能幫助他與東吳突破困境及難關的高深智慧。

向孫皓傳法

遺憾地是，康僧會與孫權的緣分竟只有短短的五年光景，西元二五二年，孫權去世，吳主之位便由孫權之孫（孫和之子）孫皓繼承。孫皓沒有經歷過先祖的白手起家和奮鬥歷程，也不知江東早已岌岌可危，即位後便如秦二世一般，立刻將法律修成了嚴刑峻法。

孫皓欲大毀寺院

大凡新君上位，尤其是未經世事的年輕少主，一上位就將法律修成峻法，多半都是因這位少主所關注的只在抓權和及時享樂。

不過，孫皓修嚴苛峻法也有充分的理由。因為，當時有一些濫設的祠廟完全與修持佛道無關，使得原本就不解佛法的孫皓，對佛教便生起極深的厭惡。孫皓於是在朝堂上對文武大臣說：「佛寺因何而興起呢？如果佛教的教義是真切純正，與聖賢經典又能相互對應，便可信奉其教義；如果沒有實際效應，就應當全數燒毀！」

對康僧會當年來東吳傳法，求得舍利後，孫權才為其興建建初寺和阿育王佛塔之歷史相當知曉的一些老臣，便向孫皓進諫：「佛之威力深遠，與其他的神明是大大不同的。當年康僧會來感召祥瑞，先皇才會為他興建佛寺；如今若輕易毀寺，恐怕將會帶來禍患與後悔啊！」

孫皓根本沒將老臣的勸諫聽進去，反而派出桀驁不馴的張昱，前往建初寺質問康僧會，以探究佛寺的真偽。張昱素有善辯之才，一進到寺院，即向康僧會旁敲側擊地提出各種質疑，想要難倒康僧會，以不負孫皓之託。但是，康僧會畢竟是位高僧！凡夫縱然再有機辯之才，又豈能難倒深具智慧的高僧呢？康僧會隨機應變，且慷慨陳詞，每句話語無不深刻有力；張昱仍不甘心，與康僧會從早辯到晚，始終理屈詞窮，張昱只得作罷。

張昱要告辭，康僧會送他至門口。張昱見建初寺周遭布滿了各色亂七八糟的浮濫寺院，突然靈機一動，便再度質問康僧會：「佛法若果真如此高深，這群與建初寺緊臨的寺院，何以竟完全不受感化，絲毫沒有悔悟的改變呢？」

康僧會隨即回答張昱：「這道理其實很簡單。雷聲之大，驚破山河，耳聾之人卻完全聽不見；其原因並不是因雷聲太小，而是因他的耳朵聾了。同理，若真能體悟佛理，即便是萬里之外的寺院，也同樣能深受佛法感化；

若不通佛理，即使如肝膽一樣地臨近，也會生疏得如同春秋時代相距遙遠的楚國和越國。」也就是說，關鍵不在距離的遠近，而在是否真心想通曉、修習佛理。

張昱回到宮裡後，頻頻讚歎康僧會的聰明才智，於是對孫皓說：「康僧會絕非是我能相比的，只有上天才能鑑察他。」孫皓聽了，便召集朝中賢臣，備上車馬，將康僧會迎入宮中。

康僧會來到宮裡後，孫皓賜以上座。待康僧會坐下，孫皓便向他請教：「佛教所講善惡報應，究竟是什麼呢？」康僧會回答：

夫明主以孝慈訓世，則赤烏翔而老人見；仁德育物，則醴泉涌而嘉苗出。善既有瑞，惡亦如之。故為惡於隱，鬼得而誅之；為惡於顯，人得而誅之。《易》稱「積善餘慶」，《詩》詠「求福不回」，雖儒典之格言，即佛教之明訓。

康僧會說明：賢明的君主以孝敬父母、慈愛子女來教化世人，神鳥就會凌空飛翔，南極星（又稱「老人星」）也會顯於天下。用仁德來化育萬物，清甜的泉水就會湧現而出，美好的禾苗也會破土而生；為善既會有祥瑞徵兆，行惡當然也同樣會有災難臨及。因此，凡是行惡而不被人所知的，鬼神會懲罰他；幹壞事被發現的，便會由百姓懲治他。在《周易》中有「積善餘慶」之語，《詩經》中也歌詠「求福不回」。這雖是儒家的格言，卻也是佛教的教導啊！

孫皓說：「若是如此，周公、孔子都已說得夠明白了，何必還需佛教呢？」康僧會回答：

周孔所言，略示近迹；至於釋教，則備極幽微。故行惡則有地獄長苦，修善則有天宮永樂。舉茲以明勸沮，不亦大哉。

康僧會指出：周、孔所說的，只顯示著眼前的事；至於佛教所言，則探究得極其幽微。凡做惡的，必有地獄等著他長期受苦；行善的，則有往生天宮之福報。以此道理來規勸世人何者當行、何者當戒，作用豈不更大？

孫皓聽了以後，完全反駁不了，只能靜默無語。

孫皓行惡立遭果報

孫皓雖聽聞了佛法，但或許其天性昏庸凶暴，使他難以停止為惡。

有一天，孫皓令宮中衛士進入後宮修建花園時，在地裡挖出了一座高數尺的金像。衛士將金像呈上，孫皓便命人將金像放進廁所，拿尿液往上澆灌，並與群臣共同以此取笑為樂。突然間，他全身腫大，尤其陰處甚是疼痛，令他哭天喊地。

太史見了便急忙占卜，所得到的啟示是：「冒犯了大神。」於是便急忙向各寺廟祈禱，情況卻無絲毫改善。

有位宮女信奉佛教，就問孫皓：「陛下是否去過佛寺祈求呢？」孫皓抬頭問她：「佛是大神嗎？」宮女回答：「佛就是大神啊！」孫皓瞬間理解其意。宮女隨即命人將廁所中的佛像迎至殿上，用香湯清洗數十遍，並燒香懺悔；孫皓則不斷地跪在地上叩頭，陳述著自己的罪過；過了一會兒，疼痛終於舒緩了一些。孫皓於是派人至建初寺向所有僧侶問訊，並延請康僧會入宮說法；康僧會聞召，隨即與使者一道入宮。

康僧會一入宮，孫皓便慎重地向康僧會請教所謂禍福之由來；康僧會一一回答孫皓的提問，言辭簡潔而精妙。孫皓終於聽明白了，欣然大悅，並想觀看僧徒所誦讀的戒文，康僧會於是選了些適合初學者習誦的讀本給他看。孫皓見佛法如此廣大、慈悲，對佛法更有好感，隨即請求康僧會為他授「不殺生、不偷盜、不邪淫、不妄語、不飲酒」等五戒；過了十天，孫皓的病痛就完全消除了。

於是，孫皓便將建初寺大舉翻修，並令宗室全都信奉佛教。康僧會在吳國大力宣講佛法，但孫皓畢竟生性凶暴，因緣不具，總是無法理解佛理之精妙，康僧會只好跟他講一些淺顯的善惡報應來開導他的心。

西晉武帝太康元年（西元二八〇年）九月，康僧會「遘疾而終」。高僧圓寂，名寺便失去所恃。後來，東晉將領蘇峻作亂，就將寺塔都燒了；司空何充又把舍利塔和建初寺重新修造。

當時有一位平西將軍趙誘，向來不相信佛法、蔑視佛、法、僧三寶。來到建初寺時，他很傲慢地對寺中僧侶說：「人人都說這座塔會放光，我才不信！如果我親眼看見，我才會相信！」他話剛說完，就看見佛塔放出五色彩光，照遍整座寺院，他不禁肅然起敬，從此信佛，不敢再譭謗三寶，還於寺院東邊又立了一座塔。

遙想壯年時的康僧會，隻身前往東吳都城建業。在求得舍利、取得孫權對佛法認可後，江南便終於出現了第一座佛寺。神通不是佛法的精義，康僧會只是不得已而為之；他心中更明白的是，唯有將更多佛教經典翻譯成漢文，才是更為迫切的弘法工作。

弘法工作是具有階段性的，有的人是負責播種，有的人負責耕耘，有的人則負責收成。康僧會處在佛教最初傳入中國、整個江南地區還不知佛法為何的階段，此時康僧會能做的，就只有成功地播種；如何讓佛性的種子植入每個人的心中，日後才有可能逐漸生根、發芽及茁壯，這才是弘法初期最當完成的工作。若沒有相當的智慧，便會將弘法的階段性工作打亂，佛法或許就會連落地的機會都沒了。準備了三十個年頭才到南京弘法的康僧會，顯然是已智慧成熟、深知播種工作的重要性。

因此，建初寺之所以能有這樣的效驗，除了久遠以來的佛陀神力與感應，康僧會之大力宣揚佛法也功不可沒啊！

江南第一寺院——建初寺昔今

建初寺位在今天江蘇省南京市的秦淮區，是三國孫權赤烏年間（西元二三八至二五〇年），在江東所興建的第一座寺院，也是江南最初建造的寺院；寺院裡還建造了阿育王佛塔，以放置由康僧會所求得的舍利子。當時，建初寺的寺址因為臨近較大規模的集市，所以又被稱為「大市寺」。

康僧會於建初寺譯經弘法

相傳康僧會在完成建初寺的建造後，曾一路東行弘法，之後還在江南各地建寺、造塔。如在蘇州建有「報恩寺」和塔，於無錫建有「圓通寺」等。這些寺院都是在赤烏年間完成的，康僧會東行建完寺院後，又回到了建初寺，專心的譯經及弘法。

據梁啟超考證，在南京興建建初寺，「是為佛教輸入江南之始」。（《佛學研究十八篇》）康僧會穿越了半個大陸，遠行萬里，使得佛陀的梵音終於能駐足於南京城中，江東的吳地也因此而佛法大興。自此以後，康僧會便再也沒離開南京，他將自己的餘生全都奉獻給了南京。

康僧會在吳地弘教傳法約有三十三年。據《出三藏記集・康僧會傳》記載，康僧會在建初寺裡，共編譯了：《阿難念彌經》、《鏡面王經》、《察微王經》、《梵皇王經》、《道品》及《六度集經》（其中《阿難念彌經》、《鏡面王經》、《察微王經》和《梵皇王經》都是短經，被輯入在《六度集經》中）。此外，還注解了《安般守意經》、《法鏡經》和《道樹經》，並為這三部經撰寫了《序》文。其中的《安般守意經》，還是和他的老師陳慧一同注解的。

一直到晉武帝太康元年（西元二八〇年），康僧會去世為止，康僧會的所有譯經和傳教工作，全都是在建初寺中進行的。到了東晉初，西域僧人帛尸梨密多羅來到建業，也是住在建初寺。東晉成帝咸和二年（西元三二八年），歷陽內史蘇峻作亂攻占建業，建初寺遭到焚毀。之後，又再重修建初寺，且繪製了康僧會的畫像；一直到南朝梁代，畫像仍舊存在。

康僧會之前、或與他同時期的佛經翻譯者，大多只通曉梵語或胡語，使得大部分漢譯佛經充斥著以胡音或梵音音譯的痕跡；加上大部分的譯經都只是節錄本，遇到漢語所沒有的辭彙、文化或思想，譯師便常會將其略去，導致所翻譯的佛經往往前後無法連貫，或是語辭晦澀難解。這樣的狀況不免阻礙了佛教的弘揚和宣傳。

康僧會儘管祖上為康居國人，但他畢竟是在漢地出生、長大，又得士燮太守所招攬之大批北方儒學志士的教導，康僧會對中國文化、思想及經典的精熟程度，並不亞於中國本土的讀書人。此外，他的佛法，又是兼融了安世高的小乘禪法及支謙的大乘般若，還結合梵唄作出了《泥洹唄》。大、小乘佛法在漢地，從碰撞、激盪、交流，到相互融合，在康僧會手中產生了歷史上的新突破，對佛法的傳揚是個極重要的轉捩點。

康僧會所翻譯的佛經，「妙得經體，文義允正」；所作的《注》文及《序》文，「辭趣雅瞻，義旨微密」，並且在很多地方上，都融合了漢人的語言、文化和思維習慣，因而深受到建業的佛教徒所歡迎。尤其他吸收了大量的本土文化，系統地改造了印度佛教，搭起了世界兩大文明的溝通橋梁；後人甚至認為，康僧會雖大量為佛經做翻譯工作，但他為佛經所撰寫的序文，比起所翻譯的佛經貢獻更大。

建初寺是孫權授意康僧會建造的，這座寺院主要是供皇親貴冑參拜。至於讓普羅大眾參拜的寺院，則是在赤烏五年（西元二四二年）所建造的「龍華寺」，建造於今日的上海地區，也是由康僧會督造，龍華寺裡還有座八面、七層高的龍華塔。

建初寺建成後，康僧會就在寺裡專注譯經。孫權死後，孫皓即位，他對佛教並不友善，曾下令要拆毀佛寺，整個南京城的寺院才會全都被拆毀；所幸建初寺因為有康僧會主持，才得免於禍患。於是，「建初寺」便又有了一個新的名號，被稱為「天子寺」。

明代於原址興建「大報恩寺」

遺憾地是，原來的建初寺早已毀於戰火，歷朝歷代便又在建初寺的遺址上重新修建新的寺院；寺院建成後，便又有了新名稱。比如，在晉朝所興建的叫做「長干寺」；到了宋代，又改名為「天禧寺」；至元代，則改名為「慈恩旌忠教寺」；到了明代，又被稱為「大報恩寺」。「大報恩寺」是江南佛教中心道場之一，與靈谷寺、天界寺並稱為金陵三大寺。

唐代詩人杜牧在〈江南春〉這首詩中寫道：「南朝四百八十寺，多少樓臺煙雨中。」「南朝四百八十寺」指的是，南朝非常崇佛的梁武帝在今天的南京興建了五百多座佛寺。江南所以能有這麼多寺院，還得拜建初寺之賜；自從有了建初寺後，江南的寺院才能如雨後春筍般地興起。

至於這「四百八十座」寺廟中，誰才是第一座寺院呢？乾隆皇帝在他的〈大報恩寺〉這首詩，就非常明確地說：「南朝四百八十寺，惟有建初真最初。」

「大報恩寺」是明成祖朱棣於明永樂十年（西元一四一二年）為紀念明太祖朱元璋及馬皇后所建造的。這座大報恩寺就在建初寺的原址上建造，歷時十九年，耗費了二四八點五萬兩白銀、十萬軍役和民夫才建造完成。當時建造的目的，據傳是朱棣為了向世人確認自己的身分——因為傳說他並不是馬皇后親生，只是被馬皇后收養。朱棣篡位（姪子建文帝）後，為了向天下人表明他也是出自嫡系，便特意在此興建了大報恩寺，以報答明太祖及馬皇后的生育和養育之恩。

大報恩寺的建造規格，完全比照皇宮的體制，不僅施工極其考究，造型更是金碧輝煌。寺院裡還建造了一座可晝夜通明、得由兩百名僧人輪流執班以保證永不熄滅的一百四十盞長明塔燈。由於這座琉璃寶塔建造得太精美了，夜裡通明的燈火，將琉璃寶塔映照得更是耀眼；因此，還被清代時來華的外國傳教士驚呼為「南京瓷塔」。

大報恩寺裡的琉璃塔之所以能得到外國傳教士的關注，主要是因這座塔擁有三絕：一是它高聳入雲霄，二是它通體全是琉璃，三是其內置的佛燈竟然從不熄滅。正因此三絕，使它贏得了「天下第一塔」的美名。

這座琉璃寶塔，在當時的國際眼光中，被視為是「中國的大古董」、「永樂之大窑（窯）器」；因此，琉璃寶塔便與羅馬的鬥獸場、亞歷山大的地下陵墓、以及比薩斜塔相互媲美，被譽為中古世界的七大奇觀之一，也是當時中外人士遊歷南京的必到之所。

站在琉璃寶塔上，還能眺望著整座南京城；琉璃寶塔與大報恩寺，都成了明代南京城的重要城市地標。當代考古隊所發掘的大報恩寺主殿，整個區域就佔了十畝地；可想而知，整座大報恩寺當年有多宏偉壯觀！

清咸豐四年（西元一八五四年），大報恩寺琉璃塔遭到太平天國軍隊炸毀；當寶塔被炸毀時，寺院也被波及。西元一八五六年「天京之變」時，北王韋昌輝架炮攻擊城內，寺院又因此遭到燒毀。

當代復建的建初寺

我們今天到南京，可以在大報恩寺遺址南側的三藏殿遺址處，見到一明、清院落裡重新復建的「建初寺」。這座建初寺是在西元二〇一四年所建造的，有著白色的院牆，青灰色的人字瓦頂；在它的圓拱門上還有一方藍底牌匾，上面刻著曾任中國佛教協會會長的傳印長老所題寫、字體渾厚的「建初寺」三個黃色大字。

在正牆的兩側，各有一圓形浮雕龍紋窗；在圓拱門前，有麒麟包鼓的門墩和靈動的石獅子。整座寺院呈現著江南的人文氣息，令人看了就會想駐足於此，感受佛教所帶來的寧靜，也沉浸在江南秀雅的人文氣息中。

這座復建的建初寺面積不大，宛如四合院般，十分整齊、典雅、寧靜而有序。走在寺院裡，清淨的氛圍，與銀杏樹上鳥兒的悠然鳴唱、檐口風鈴的叮噹縈繞，形成了最純淨、也最放鬆的享受。在這兒，什麼都不想，在寧靜中看見自己，世間的一切名利得失及紛雜、攪擾，都是多餘的塵埃，瞬間便將這一切全都從腦海中迅速拋去。

在殿外，金頂香爐中的青烟正緩緩地向空中裊繞，使整座寺院顯得更是肅穆而莊重。到了仲夏時分，缸中不染塵埃的荷花，清新脫俗，映襯在微風搖擺的荷葉當中，為這寧靜而清幽的寺院增添了幾分靈動和禪意。

寺院的迴廊壁上，刻著歷代高僧的詩文書法；雕工之精緻，宛若是毛筆在墨石上酣暢游走。從寺院側門望去，一條通幽小徑，與斜照的一抹光暉，相互映照，更增添了無限詩意。

建初寺中的大雄寶殿，是清同治十年（西元一八七一年）在大報恩寺三藏殿的遺址上所興建的；在重修建初寺的過程中，大殿又進行了更細緻的高質量翻修。相較於其他寺院的宏偉壯觀，建初寺的整體建築和大雄寶殿裡的擺設，顯得精細而典雅，充分彰顯著江南的人文氣息，和那鍾鍊已久的精緻與秀麗。

在建初寺的祖師堂裡，供奉著八座高僧像，他們全是匡扶佛法、利益有情眾生的大德祖師，無論修為、德行，都深廣無邊，每一位都是名冠天下的佛門宗師泰斗。從這些高僧像的彩塑衣著上，也能反映出各時期出家僧人的歷史面貌。在最中間上座，帶有異國形象、雙手托著紫金銅瓶的大師，就是建初寺的開山祖師——康僧會尊者。

另外，在建初寺的祖師堂裡，還設有各代祖師大德的牌位，如康僧會、慧達、僧佑、可政、憨山、雪浪、古馨、三昧、月霸、諦閑、玄奘大師等。現今，在南京的建初寺裡還做了一份《建初寺歷代高僧譜系圖》，詳細記載了自三國時期的祖師康僧會、直到現今的「本寺堂上隆江大和尚」等所有的祖師大德，歷時長達一七七六年。

現在的建初寺裡置有三寶。第一寶是，在明代大報恩寺地宮的遺址內，發掘了沿用宋代天禧寺的地宮，出土了釋迦牟尼真身佛頂骨舍利等諸多撼世文物。第二寶為，在今天的建初寺、也就是原三藏殿遺址處，發掘了唐代玄奘大師的頂骨舍利。第三寶是明代大報恩寺所刊刻的《永樂南藏》全套雕版，共六三三一卷。

在南京秦淮河區中華門外的大報恩寺遺址公園內，已採用最新的科技手法，興建了一高達九十三公尺的新報恩寺塔。這是在原來的琉璃寶塔遺址上重新復建的，除了藉此以記述歷史，同時也為了使後人可以明白當時琉璃寶塔的具體位置，以及它當年的盛況。

影響

壹・展現救世精神的《六度集經》

眾祐知之，為說：「菩薩六度無極難逮高行，疾得為佛。何謂為六？一曰布施，二曰持戒，三曰忍辱，四曰精進，五曰禪定，六曰明度無極高行。」

一心想普度眾生的康僧會，看到了漢地太欠缺佛經傳入，也看到漢地對佛教的認知不僅過於粗疏，對佛理的聽聞更是嚴重不足。但是，當時的歷史與地理條件，都使佛經及佛理的說解和傳播，無不存在著各種難以突破的困境。既然如此，在前人的基礎上，盡速地翻譯佛經，便成了康僧會在漢地傳法最為迫切的當務之急。

自交趾來到建業（今南京）後，康僧會除了向孫權、孫皓及當時的達官貴人傳揚佛法，也與弟子們共同編譯佛經——有些經文是康僧會自譯，有些是前人所譯。在建初寺裡整整三十三個年頭，他都專注地在為佛教能扎根於漢地而迫切地翻譯佛經。所編譯的佛經，主要包括《吳品經》五卷、《雜譬喻經》二卷，和《六度集經》九卷（今存八卷），註釋的則有《安般守意》、《法鏡》及《道樹》等。

其中，倡導大乘「菩薩行」、並將佛教思想與儒家思想相協調，以實現佛教中國化新突破的《六度集經》，正是佛教融入儒家思想的典型代表。《六度集經》的內容，主要是以佛陀、彌勒菩薩、以及過去世行菩薩道時的本生事蹟，配合大乘佛教所說的「布施、持戒、忍辱、精進、禪定、智慧」等六度，所形成的本生故事集。

當代佛教研究者任繼愈於其所著《中國佛教史》中說：

康僧會把立志於救苦救難、用拯救人類靈魂來拯救人類社會的思想政治見解，體現在他編譯的《六度集經》中。

《六度集經》為何能體現出這麼豐富而深刻的內容？要了解其中原因，就得從《六度集經》中的「本生」故事談起。

《六度集經》概說

《六度集經》和《舊雜譬喻經》現今所存康僧會所編譯的兩部佛教經典。史籍對康僧會譯《六度集經》的記載相當有限；比如，梁朝釋僧祐的《出三藏記》只記載：

魏明帝時，天竺沙門康僧會，以吳主孫權、孫亮世所譯出。

釋慧皎所撰《高僧傳》才更明確地說，《六度集經》是康僧會在南京的建初寺裡編譯的，費長房所撰《歷代三寶記》也指出：「太元元年，康僧會於楊都建初寺，譯《六度集經》等經四部十六卷。」唐代的僧人智昇在《開元釋教錄．卷二》則談得稍微豐富些，其曰：

> 《六度集經》八卷（或九卷或云《六度無極經》或云《度無極集》或云雜《無極經》見竺道祖吳錄及僧祐錄）……沙門康僧會……太元元年辛未，於所創建初寺譯《六度等經》七部。

透過以上文獻可知，《六度集經》原本應當存在著七卷、八卷和九卷這三種版本；其中，七卷和九卷本都已亡佚，現在能見到是八卷本，被收錄在《大正藏》第三冊。編譯的時間大約是孫權太元元年（西元二五二年），那時康僧會已四十五歲；在督建完建初寺後，康僧會便全然專注地在寺院裡譯經。

康僧會在南京期間，追隨安世高弟子南陽韓林、穎川皮業，以及會稽陳慧修習佛理，所學的雖是「小乘佛教」，但他所編譯的《六度集經》卻是「大乘佛教」的內容。由此事可見，康僧會在南京已著手大、小乘佛法融合的工作，這對佛教的前行和發展是個極為重要的里程碑。

不過，湯用彤先生於《漢魏兩晉南北朝佛教史》一書中卻認為，《六度集經》全是康僧會所撰，並非是由他編譯：

僧會譯中，現存有《六度集經》，文詞典雅，頗援引中國理論。而其諸波羅蜜前均有短引，審其內容，決為僧會自製，非譯自胡人。此乃治漢魏佛學者最重要之材料也。

無論《六度集經》究竟是不是出自於康僧會所撰，由湯用彤先生形容其「文詞典雅，頗援引中國理論」或可想見，這部經典所書寫的內容應頗為當時的知識分子閱讀與接受；同時也說明了，只有深具中國傳統文化涵養的高僧，才能將此鉅作編譯或撰寫得如此精彩。

今天所保存下來的《六度集經》，有些內容在巴利文的《本生經》中也能見到。巴利文的《本生經》，在西元前三至四世紀時就已經形成，其是用古印度方言巴利語所寫成，共有五四七則故事，主要講述的就是釋迦牟尼佛的前世故事。

《六度集經》共有九十一篇經文，又稱為《六度無極經》、《六波羅蜜經》、《六度集》、《度無極集》、《雜無極經》。「度」就是「波羅蜜（多）」（pāramitā）的舊譯，其意為「到彼岸」；「六度」則是指到達彼岸（由生死輪迴之「此岸」至解脫之「彼岸」）的六種方法和途徑，亦是六種大乘菩薩道的修行法門。釋迦牟尼佛無量劫過去世以來能毫不退轉地持六度菩薩行，最終才能成就佛道。《六度集經》集結了多部小經，通過佛陀前世所經歷的故事，來闡釋六度菩薩行，故被稱之為「六度集經」。

大乘佛教的流傳與發揚，約是在佛滅後五百年，當時本生談已發展成菩薩思想，然後再由此開展出大乘佛教。最早出現的大乘經典，是關於釋尊諸多前世的偉大行願的「本生」故事。這些故事是講述，釋尊前世精進於種種善行，以致今生能成就佛果，並由此而引出「菩薩」（Bodhisattva）的概念。因此，最早的菩薩是指釋迦牟尼未成佛之前生，之後再由這些故事歸納出菩薩的諸多善行而成六種波羅蜜，以說明釋尊成佛之因緣。

佛陀在過去世的修行方式，皆可稱之為「菩薩行」；這些菩薩行的具體完成或圓滿的實現，則稱之為「波羅蜜多」。「波羅蜜多」意為「彼岸的完成」，或者是「到彼岸」；修菩薩行，才能往成佛解脫，以達彼岸。

《六度集經》是用佛陀的前世故事，來闡明「六度」的意義。而佛經故事，一般可分為「本生」、「佛傳」、「因緣」及「譬喻」等四種，《六度集經》就是採取前三種進行編撰。

佛經故事最早形成的是「本生」。「本生」又稱為「本生經」、「生經」、「本生故事」，是釋迦牟尼尚未成佛、仍為菩薩時的前世故事，可分為「人本生」和「動物本生」故事兩種，最晚是在西元前四世紀初便已經形成。

「因緣」是釋迦牟尼佛遇到某些事情的機緣，而因此說法度生。「佛傳」則是佛陀的傳記。《六度集經》中，共有七十一則本生故事、三則佛傳故事、以及十四則因緣故事。

以下便依六度的順序，分別以有代表性的本生故事，展現大乘佛教悲智雙運、救度眾生的精神。

布施——布施度無極章第一

布施波羅蜜是主要對在家眾而說，故在《本生經》的經典中多是讚頌佛陀前生在「財布施」及捨身為人等方面的善行。大乘菩薩道除了主張財布施，更高舉的還是「法布施」。法布施就是為人演說佛法，多是由出家眾而為；出家眾因行了法布施，而可坦然地接受在家眾的布施與供養。

財布施只能救濟到眾生的色身，唯有法布施，才可濟渡眾生，以出脫無明煩惱和生死苦海。

布施之要義

《星雲大師全集》對「布施」，做了五點說明：

（一）菩薩布施的動機在於「哀念眾生處世憂苦」、「欲求佛擢濟眾生，令得泥洹，不復生死」，所以菩薩一心為拯濟眾生，慈惠度無極行布施。

（二）布施的對象是無限的，一切含識有情無不是行施的對象，如：貧病孤苦無依者、孑然一身的雲遊沙門，以及地上空中的飛禽走獸等。也就是行菩薩道者須「跨天踰地，潤弘河海，布施眾生」。

（三）布施的內容不離日常生活的物質資具，如：衣、被、醫藥、財寶等等，皆令「飢者食之，渴者飲之，寒衣熱涼，疾濟以藥」。同時施捨時，不惜身命，至無數劫無有悔恨。

（四）布施的態度是「無求不與，索即惠之」，也就是布施濟眾須常懷「布施貧乏，若親育子」，憫而不怨，乃至殺身捨命，肝腦塗地亦在所不惜的精神。大家熟知的佛陀本生事蹟，如割肉餵鷹、捨身飼虎、投海餵魚等，都是菩薩危己濟眾的利他精神。

（五）布施的功德有來世生天之樂，也有現世五福，即：長壽、顏華日更好色、德動八方上下、無病氣力日增、四境安隱，心常歡喜。此外，「累劫仁惠，拯濟眾生」的菩薩行，更是成佛所必須實踐的。

「布施」分為「財施」、「法施」和「無畏施」三種。

菩薩因修了布施，便能對治慳吝貪愛煩惱，能施與眾生利樂。看見人生的一切受苦，都能心生慈悲，以「人溺己溺，人饑己饑」的精神去布施所能，使苦者得樂、迷者受益。

（一）財布施：就是以金錢、物品布施，以幫助窮苦者，或出資捐款助印善書、經典等，以勸化度人，改善眾生心性。

（二）法布施：以己之所學，領悟佛法真理，以向世人宣說，使眾生同沾法雨，轉迷成悟。

（三）無畏施：對痛苦之人，能以溫暖愛心加以安慰；遇人困難，則施以援手解難，使受苦受難者可感受平安。

布施本生故事

一、長壽王本生

在《六度集經．布施度無極章》（卷一至三）的第十則故事，是關於長壽王的故事，正可做為財布施、無畏施和法布施的典範代表。

從前有個仁慈的長壽王，他對內施行仁政、對外主張和平；因此，在他的國度裡，百姓都安居樂業，就像家人般地相親相愛。國王因為愛民如子，所以人人都尊稱他為「長壽王」。

長壽王的名聲愈傳愈遠；遺憾的是，鄰國的國王非但不願向他學習，還動了貪念，想要發動戰爭併吞這個祥和的國家。

消息傳到長壽國後，大臣們紛紛向長壽王建議：「一定要趕緊備戰，不能讓別國侵略我們。」長壽王卻認為：「戰爭是很殘酷的，無論輸贏，都會傷害到百姓；一旦兩國相互殺伐，仇恨要到幾時才能結束啊！」

長壽王其實並不想應戰，便對大臣們說：「人生短暫，能有緣相聚，就要以仁心互愛互諒，何必為了這幾十年的生命以及如浮雲般的國土，便相互爭鬥呢？如果有人想要這國家，根本不必動用武力，我願意把王位讓出來，只希望能換得百姓的安寧。」

大臣們都不贊成長壽王的觀點，長壽王卻心意已定，便帶著太子長生悄悄離開，跑到深山裡去隱居了。

貪心的鄰國國王，不費吹灰之力便奪取了長壽王的國家，他卻一直很擔心：「長壽王會不會突然回來報復呢？他會不會想搶回失去的國土呢？」種種顧慮讓貪王坐立難安，於是他便下令：重金獎賞，捉拿長壽王！

某天，長壽王在一棵樹下看到一個非常疲憊的梵志（或指外道的出家人）。他上前去問那個梵志：「你全身這麼消瘦，看起來又這麼疲憊，究竟是從那兒來的呢？」

梵志回答：「我從很遙遠的國度來的，因為貧窮，已經到了無法度日的地步。我聽說長壽王非常仁慈，所以想來請求長壽王幫助。」

長壽王聽了很是難過，便對這梵志說：「我就是那個長壽王啊！我十分同情你的遭遇，只可惜我現在已經沒有能力可以幫你了。」

梵志聽完後，感到傷心極了，便哭著說：「我本來是要請國王幫忙的，以求苟活；現在您連國家都沒了，我的生命也應該走到盡頭了。」

慈善的長壽王就安慰他說：「不要難過。聽說現在的國王已經貼出告示，誰要是能找到我，就可以領取重賞。你既然遇到困難，你可以把我的首級送進皇宮裡，就能領到賞金了。」

這梵志並不是狼心狗肺，豈能做出如此歹毒之事？他便對長壽王說：「不，您是仁慈的長者，我絕不能這麼做。」

仁慈至極的長壽王又對梵志說：「人生不過只有數十載，就算我能在這山林裡平靜度日，終究也會有老死之時。我曾發願，只要眾生有任何苦難，都一定要盡力幫助。趁著我這身體還能有用途，就讓我來幫助你吧！」

在長壽王的極力勸說下，梵志遵照長壽王的建議，將長壽王帶到城門，然後便被官兵綁起來送往皇宮。一路上，百姓們看到他們仁慈的國王即將被押至皇宮送死，無不傷心地跪地叩頭、哀叫和痛哭。

長生太子得知父王遭人綁赴皇宮，便扮成樵夫追趕過來，卻為時已晚，長壽王被押上了刑場。長壽王抬頭時正好看到他，便對他交代遺言：「以仁德愛人是做人的本分，這份仁愛之心絕不能因外在的逆境就發生動搖。」

長壽王這番勸誡，主要是說：環境的順與逆既是外在的，也是暫時的，不應該成為主導我們意志的關鍵。只有純淨的仁愛之心，才是我們與生俱來的本質，這是我們生命的主體，也是我們應當永遠把握住的。

環境無論如何變化，世間無論如何紛亂，都不過是暫時的假象；我們如果不幸被這些暫時的紛亂迷惑，其實也不必擔心；只要「時時勤拂拭」，隨時以正道來提醒自己，就會有力量把自己從漩渦裡拉出來，這就是「勿使惹塵埃」。拂去塵埃，本心就能通透地安靜下來，無謂的苦惱也能被瞬間破除，就會自性裡的智慧就能透顯出來。

長壽王之所以說這番話，是因為他知道，長生太子的心中將因他的死而憎恨貪王，以後他肯定會想盡辦法回來報復。

長生太子一邊流淚、一邊聽著父王的最後叮嚀，但他的內心實在悲慟、憤恨又痛苦到極點，恨不得能立刻殺上前去，一刀將那貪王刺死。面對如此可恨的殺父仇人，怎麼可能生出慈悲心呢？

為父報仇的瞋怒之心，始終都在長生太子心中不斷盤旋。他便埋名隱姓，在一位大臣家的菜園幫忙種菜；因為他非常用心，所種出來的菜品質特別好，大臣吃了長生太子所種的菜後，總是讚不絕口。於是，他就找來長生太子，問他能否辦一桌酒席，說要邀請國王來品嘗。

國王嘗了這滿桌色香味俱全的佳餚後，十分滿足，認為這廚子真是個不可多得的人才，當下便決定要把長生太子留在身邊。

長生太子覺得這是個報仇的大好機會，便小心翼翼地服侍貪王。經過一段時間後，長生太子取得了貪王的完全信任，還擔任他的貼身侍衛。

有一天，貪王帶著長生太子一同上山打獵，為了追逐獵物，兩人竟在山裡迷了路，與大隊人馬走散了。幾天後，他們還是找不到出路，貪王又餓又累，已再也沒有任何力氣，便將手中的寶劍交給最信任的長生太子，並且以他的膝腿為枕，安心地睡著了。

長生太子見狀，高興得不得了；心想，這豈不是為父報仇的大好良機嗎？可貴的是，長生太子雖報復心切，他的心中卻又突然想起了父王生前的叮囑，也想到父王生前總是不斷地以仁、慈和愛來教導他。這貪王儘管貪婪無道，又是殺父仇人，但這貪王竟然這麼信任他，才會如此安心地躺在他腿上安睡；何況，貪王又何嘗不也是別人的父親呢！

這般掙扎，在長生太子的心中反覆糾結。每當他想要用貪王交付給他的寶劍快、狠、準地刺向貪王時，瞬間卻又想起父王平日的教導和叮囑，手中劍便突然遲疑了；每一次舉劍，都被父王的慈愛話語給阻擋了下來。

貪王雖因疲憊至極而陷入熟睡，但他卻又驚醒過來；因為，他總是夢見長生太子來到面前要把他殺死。長生太子見貪王深陷極度驚恐，便生起了憐憫和慈悲，心想：「他雖是又暴戾又可恨，但因他所犯下的大惡，導致他連睡都睡不安穩。可見，人一旦為惡，儘管表面看似若無其事，但他的內心卻絕對逃脫不了惶恐和不安的攻擊和攪擾。」

於是他對貪王說：「國王請安心睡吧！我會在此保護你，請不必擔心和害怕。」有了長生太子的安慰與保證，貪王便放心地躺在他腿上睡去。

看到貪王接連三次地驚醒，因為長生太子生起了慈悲和憐憫，使得他決定放下為父親報仇的念頭。

沒多久，貪王又醒來並對長生太子說：「我又夢見長生太子了；不過，他這次告訴我，他決定原諒我了。」

長生太子甚是驚訝。貪王因反覆地被惡夢所攪擾，原本驚嚇得滿身大汗；但做了最後一個夢之後，貪王卻反倒精神飽滿，不再想睡了。

貪王於是緩緩地坐起，對著眼前的這位貼身侍衛說：「這些年來，我貪婪地侵占這國家，還殺死了仁慈又良善的長壽王。其實，我的內心從來沒有一天是平靜的，就像是墜入到地獄一樣；不論何時，我都感到極度地驚恐和痛苦。我實在不該犯下這樣的大惡，我真是大錯特錯啊！」

長生太子見貪王竟一反常態，如此坦然又真誠地懺悔他所犯下的惡行，當下便表明，他其實就是始終想為父王報仇的長生太子。現在，國王確實可以不必再擔心、害怕了；因為，剛才國王安睡時，他確實想一劍就將貪王刺死；但每次只要這念頭一起，便會立即想起父王生前是那麼良善和慈悲，也想起父王臨終前一再叮囑他要以仁愛待人。於是，他決定要原諒貪王所犯下的過錯，再也不復仇。

這貪王聽了，不禁嚇出一身冷汗。他在長生太子跟前不斷地懺悔：「感謝您肯原諒我，就跟長壽王一般，承繼了他良善的德行，這真是大孝啊！您既然饒恕了我，我以後不會再如此胡作非為了。只是，現在，我們兩人都在這森林裡迷路了，該如何回去呢？」

長生太子笑著對貪王說：「我們其實根本沒迷路，是我故意將您帶離我們的人馬。現在我就帶您走出這森林吧！」

長生太子果然很輕易地便把貪王給帶出森林，兩人安全地回到了皇宮。貪王回到皇宮後，便召集了所有文武大臣，向大家宣布：為了感恩長生太子以寬恕取代仇恨，所以他現在決定要將這國家歸還給長生太子，然後回歸本國，跟長壽王的國度成為兄弟之邦。

大臣們見長生太子不僅一表人才，又與長壽王一樣擁有寬大的胸襟，便對他非常崇敬，全都樂意擁戴長生太子成為這國家的新王。

在這則故事的最後，佛陀還對這段過往做了因果的說明：

佛告諸沙門：「時長壽王者，吾身是也；太子者，阿難是；貪王者，調達是。調達世世毒意向我，我輒濟之；阿難與調達本自無怨，故不相害也。吾世世忍不可忍者，制意立行，故今得佛為三界尊。菩薩慈惠度無極行布施如是。」

「調達」就是世世代代、始終都想殺死佛陀的「提婆達多」（Devadatta，意為「天授」），他是佛陀的堂兄弟，也是貪王的前世。而那位仁慈的「長壽王」，則是「佛陀」的前世；放棄復仇的「長生太子」，便是佛陀堂弟「阿難」（Ānanda，意為「慶喜」）的前世。雖說佛陀一直想度化提婆達多，但提婆達多對佛陀的累世惡意，卻深得令人難以理解；以至於佛陀無論怎麼做，都無法將他點化。

至於阿難與提婆達多，畢竟本無任何冤仇，故而長生太子最終才會放下屠刀，不願殺害貪王。難得的是，佛陀明知提婆達多想要殺害他，佛陀卻仍然累世忍辱，並始終慈悲地想要度化他。

原來，最大的布施，就是源於最深切的慈悲；有了慈悲，才會有大愛；有了大愛，才能超越一切仇恨，度化自己，使自己邁向覺醒。只有先「自度」了，才能形成示範，並於不知不覺中也喚醒了他人的覺醒，這就是「度他」。

值得注意的是，我們雖應當以慈悲度人，也得有智慧的觀照：累世的惡緣，確實是會攔阻度化的成與敗。但是，成、敗絕不是我們自度和度他的關鍵；關鍵還在，我們是否能在逆境中，始終保有慈悲與大愛。就如長壽王所說的，絕不因外在環境的影響，便喪失掉自己的良善和仁慈，這才是我們應當終身謹守與奉行的最重要關鍵。

世間最真實的美好，並不是外在條件的好與壞，而是內在能否豐足和平安。世間最大的公平，也不是人世間的審判或賞罰；因為，人世間的審判往往難免帶有偏私，唯有公道始終存在人心。即便人間律法無法審判凶惡殘暴的貪王，但貪王的內心卻無法逃脫公義在他內心不斷進行的審判和懲罰。貪王雖坐在王位上，內心卻受盡最大的煎熬和斥責，使他非但享受不了當王的樂趣，還得成天擔心受怕。他的肉身雖不在地獄裡，心靈卻早在他動了惡念的那天起便已經墮入了。

長壽王為了使百姓能安定生活，便將世人最看重的王位捨了出去，這就是甚大「財施」。在森林裡見到貧窮得難以生存的梵志，便心生憐憫；為了讓他能繼續活下去，不惜犧牲自己的生命，這是最勇敢的「無畏施」。他除了以言教、身教教導長生太子，臨死前還反覆叮囑長生太子，要以慈悲對待貪王，絕對不能復仇，這就是最能感染人心的「法布施」。

長生太子雖然滿懷亡國與殺父之仇，卻沒被自身的情感及思維給淹沒，反而屢屢想起父王對他的叮嚀，這是長生太子慧根深具、又能遵循孝道，才能展現出如此超越的大慈和大愛。

二、理家本生

在《六度集經．布施度無極章》的第二十二則，是描寫一個慈悲大理家的布施故事，是財布施、更是法布施的重要典範。

佛陀過去生曾經是個善於經營產業與理財的「大理家」，非常喜歡幫助窮人，只要有人來向他求助，他一定會伸出援手。

他有一個朋友，朋友的兒子平日總是揮霍無度，沒多久就把家產全都敗光。大理家因為憐憫這孩子，就給了這孩子一筆錢財，希望他能好好做生意，以養活自己。無奈這孩子卻本性難移，成天只沉溺於歡樂和享受，沒多久就把大理家所給的錢給全都敗光了。

錢全都敗光後，這孩子又跑去找大理家，希望大理家能再給他一筆錢。大理家見這孩子太不長進，剛好他家門外有一隻死老鼠，大理家便藉著這隻死老鼠來教訓他，說：「聰明的人，是能用一隻死老鼠來積成家業的；何況你已有千金，怎麼還會如此貧困呢？」

這時，有個小乞丐正好聽見大理家所說的這番話，非常有感觸，就把那隻死老鼠給帶走。回去後，小乞丐把死老鼠給醃製了，做成烤老鼠肉，賣掉竟還能賺到兩錢。

有了這兩錢，小乞丐就把這兩錢拿去做賣菜的生意，又得了一百錢。小乞丐將做生意所賺到的錢不斷積累，最後成了一富有的人。

小乞丐成為富翁後，心想：「我本來只是一名乞丐，今天為什麼會有這些財富呢？就是因為聽到大理家所說的那番話，我才能有今天啊！」於是，他就做了一隻金老鼠，又在金老鼠的肚子裡放了許多珠寶，帶去送給大理家，以表達他的謝意。

大理家知道小乞丐的故事後，不僅把女兒嫁給他，還把所有的家業和財產，也全都交給了他。

在故事的最後，佛陀對所有的沙門說：

理家者，吾身是也；彼蕩子者，調達是；以鼠致富者，槃特比丘是。調達懷吾六億品經，言順行逆，死入太山地獄；槃特比丘，懷吾一句，乃致度世。夫有言無行，猶膏以明自賊，斯小人之智也；言行相扶，明猶日月，含懷眾生成濟萬物，斯大人之明也。行者是地，萬物所由生矣。菩薩慈惠度無極，行布施如是。

這位大理家就是佛陀的前身，那個荒誕不羈的敗家子就是提婆達多；至於那個小乞丐，則是槃特比丘。提婆達多表面像是肯聽從佛陀的教導，實際上卻始終是離經叛道；槃特比丘雖只聽見佛陀一句話，他卻能了悟於心，又肯願意去落實，才使得他能不斷地開創出無限的豐富。

大理家給予那敗家子錢財，就是「財布施」；他的一句話，教導了小乞丐，則是「法布施」。肯聽從大理家教導的小乞丐，萬萬沒料到自己最終竟能成為富翁，這與《道德經．第四十二章》所說的：「道生一，一生二，二生三，三生萬物。」實有近似的雷同。

要成就菩薩道，就得成為一「無我」的大人。大理家不斷地布施濟眾，就是在以「無我」的大愛成就天地萬物。天地間最重要的，不是生不帶來、死不帶去的財物，而是持守住能讓我們活在當下的本心和本性。

持戒——戒度無極章第二

持戒，即護持戒法，就是受持佛所制定之戒而不觸犯；若觸犯，即為「破戒」。《六度集經》中的「持戒度」，主要介紹菩薩的持戒、守戒，及惡人、惡獸犯戒和毀戒的故事，藉由這些故事說明持守戒律的重要性。

明代蕅益大師所著《遺教經解》中記載，釋迦牟尼佛臨涅槃時便已囑咐阿難和諸大弟子曰：

佛在世時，以佛為師；佛滅度後，以戒為師。不能持戒，則同堂猶隔萬里；苟能持戒，則百世何異同時。金口誠言若此，奈何捨此別求。

由戒才能生定，因定方能生智慧。戒法是度苦海的法囊，是渡迷津的寶筏，是暗室裡的明燈；戒法如此重要，故得時時護持。

《華嚴經海印道場唱懺儀》裡記錄了八種戒律，即：

不惱害，不劫盜，不邪淫，不妄語，不兩舌，不惡口，不綺語，不飲酒及淨命，是名戒；若不護放捨，是名破戒。破此戒者，墮三惡道中。若下持戒生人中，中持戒生六欲天中，上持戒又行四禪四空定，生色、無色界清淨天中。

「不惱害」就是不殺生。「劫盜」，是不與而取之。「邪淨」，指非法之淫行。「妄語」，謊言也。「兩舌」，指搬弄是非。「惡口」，指粗言詈罵。「綺語」，是含淫意之言。「不飲酒」，因酒能令人心動而放逸。「淨命」，指以清淨心過活。

為方便在家眾修持，這八種律儀又被簡約成五戒，即：不殺生、不劫盜，不邪淫，不妄語和不飲酒。戒律雖是為適應時代需求而逐漸被簡化，但持戒波羅密在佛法中依然是不可缺少的重要一環。如《大智度論・卷三十》云：

大惡病中，戒為良藥；大恐怖中，戒為守護；死暗冥中，戒為明燈；於惡道中，戒為橋梁；死海水中，戒為大船。

此段偈頌已說明，持戒對修行乃至關重要；唯有持戒，方能使自身能得守護，得明燈指引，得救治之良藥，得安穩之保障。

持戒之要義：

《六度集經》之卷四為〈戒度無極章〉。參照《星雲大師全集》，對「持戒」做了三點說明：

（一）戒波羅蜜的意義，即：敬信三寶，奉持五戒十善，過合理自律的生活，修無欲清淨的梵行；不做「狂愚凶虐，好殘生命，貪餘盜竊，婬妷穢濁，兩舌惡罵，妄言綺語，嫉恚痴心；危親戮聖，謗佛亂賢，取宗廟物，懷凶逆，毀三寶」的惡行。

（二）持戒應有的態度，是盡形壽奉行佛戒，無有毀犯。面臨清淨戒行與性命存活攸關之際，菩薩的智慧抉擇是「寧脫眼而死，不犯淫而生」、「寧殞軀命，不去仁道」，以捨生來保全戒法的清淨。

（三）奉行「五戒十善」的功德，是得生人天，不墮惡趣。

持戒本生故事

一、清信士本生

《六度集經．戒度無極章》中第二十七則「清信士本生」故事，是我們正確認識「持戒」、重新審視自我持戒態度的極重要典範。

從前有一小國，他們的國王身行清白、愛民如子；他最期盼的，就是希望百姓都能持守五戒善法。

國王常深入人群中觀察，發現有些人表面看起很善良，似乎非常重視持戒奉道，但暗地裡卻是行邪也沒受正道。國王便心想：百姓虛以委蛇者居多，如何才能選出身心清白、又真肯持守梵行的正道之人呢？想了又想，於是國王便下了一道命令，要大臣向百姓宣告：凡是信奉佛法、聽經、行佛道的，都要嚴懲，還要當街示眾！

沒想到，告示才一出來，有些百姓便立刻現出原形，不僅摒棄正法、大張邪教，還完全不再掩飾地享樂奢怠、為所欲為。其中有位在家修行的清信士，看到許多學佛之人，已不敢再去聽經，或表達自己是佛弟子，又看到很多人還公開地表示自己不信佛、不聽經，不再守持戒律，一些邪行邪法完全化暗為明，便非常擔憂。他實在不明白，一向身行清白的國王，為何要發出如此荒唐的法令？

即便如此，這位在家修行者還是信佛虔誠，照樣聽經聞法。他認為，人若要懂得道理，就得有信仰，而佛法令人可以明白真理，心境便能透徹清淨。因此，國王縱使下了這道完全不合情理的命令，他也絕不背離佛法，仍是要繼續堅守信仰。

他悲憫眾生，多是自投三途；蹈犯五戒、不守十善，將來一定會在地獄道、餓鬼道和畜生道的三道中，不斷輪轉。如今自己既已幸運地能得人身，全是前世所造之福啊！更難得的是，能信奉三寶，得聽聞佛法，還能生起堅定佛道的信念，又是多難得的事啊！他豈能因一紙法令，便心生畏懼而放棄；縱使得赴湯蹈火、當街示眾，他也絕對不會背棄信仰！

執法的官員聽說有人不肯離棄佛法，便去問這位清信士：「為什麼大家都拋棄佛法了，即便有人保持信仰也絕不敢表達；你堅持到底也就罷了，為何還要將信仰公然表達呢？」清信士回答：「我崇信佛法，對天對地皆問心無愧；即便國王要治我於罪，我寧死也絕不捨棄信仰。」

於是，官員就將清信士給押解至宮中，帶去面見國王。

國王聽執法官講述完所有經過，心中甚是歡喜，忍不住走上前去，握住清信士的手說：「你正是我所要找尋的人啊！我一心期盼全民皆能奉法行道，但很多人卻只做表面功夫，一邊信佛聽經，故做虔誠，暗地裡卻欲望深重、心術不正。我多麼希望能找到一真正學佛守志之人，以助我施行教化；實在迫不得已，才用了這辦法。現在終於讓我找到最合適的人選了，那就是你啊！」

國王於是尊奉清信士為國相，委以感化臣民奉守正法的重任。

在這段過去因緣裡，清信士即是佛陀的前身，那位國王則是彌勒菩薩的前身。佛陀生生世世化為各種形態以感化人民；因此，學佛者無論在家、出家，梵行清白是我們所應當持守的本分啊！

許多人知持戒是信仰的極重要關鍵，卻不知為何要持戒，或者只將持戒做為令人認可和推崇的外衣；如此一來，勢必表裡不一，心中愈是欲火強烈，便愈是做盡表面功夫。甚至還會將持戒功夫做為誇耀的根據，如此必會外表謙遜，內心卻深藏驕傲；更甚者還會妄想紛飛，以為自己的修持功夫已是多了得了。

另有些人，不知修行貴在持守本性，一心清靜，竟將持戒無限上綱，以此檢視他人，或做為鄙視他人、高舉自己的依據；如此不僅自斷慧根，也必阻礙他人慧命；雖看似信佛，實則卻是在謗佛和毀佛。

「清信士本生」故事，讓我們看到一真正認識佛法、堅守正道的清信士，也看見一真心護持正法的國王，是如何地具有真正的智慧。《道德經．第三十六章》：「將欲廢之，必故興之。」意思可以解釋為，要阻止某種狀態，就要由反面去刺激它，讓其病根顯露出來。國王省視自己國度，見全國上下早已陷入虛浮，這是非常根深的邪思、邪行；若再不採取非常手段，又豈能撥亂反正？

清信士並未因國王故意設下的亂法，便驚嚇得離經叛道，反而能正確地看待信仰，並堅毅地持守到底。如此高貴的品格，就是《孟子．滕文公下》所說的：「富貴不能淫，貧賤不能移，威武不能屈，此之謂大丈夫。」

持戒的目的原是為了持守住本心、本性，這與《道德經．第十章》：「載營魄抱一，能無離乎！」是一致的。「持戒」絕非是為了制約人，反而是要讓人進入由自己抉擇的最大自由。若不明此要義，非但無法真正持戒，還會錯解持戒的真意，這是所有修行者不可不警覺的要點。

二、貧商人本生

《六度集經．戒度無極章》中第三十三則故事，描寫一位有正見、正思的貧窮人，雖遭遇了極大患難、周遭又環繞自私自利之人，但因他是真心持戒，即便他的處境再不利、陷入的困境再深，最終也仍可轉禍為福。

從前有一個人因為太窮困，就受雇於商人。有一群商人們，就帶著這個被雇用的窮人，一同坐著船，入海去採寶。

船在茫茫大海中前行，走著走著卻突然停住，完全無法前行。商人們都非常害怕，紛紛祈請、禱告各方神祇來救助。只有那個窮人一點都不怕，因為他已皈依三寶，堅定地持守戒律，每天早、晚都必悔過自省三次。

船在海中遇上這困境，窮人見大家都又驚恐又慌亂，便發下大慈心誓願說：「願十方眾生在遭遇劫難時，都能像現在的我一樣，絕不驚慌恐怖；倘若我將來能成佛，一定要先度化此類眾生。」

經過七天後，船身還是動彈不得。海神卻欺騙貨主，托夢說：「只要將那個窮人給拋入海中，就會讓你們安全離開。」貨主醒了以後，雖然為那窮人感到悲傷哀痛，但為了自身的利益，便悄悄地將海神的話告知船上的所有商人，並和他們一同商討，究竟該怎麼處置窮人。

窮人非常明白大家的想法，便對那群商人說：「不要因我一個人而讓大家喪失生命。」於是貨主就作了一個竹筏，準備些糧食，讓這窮人坐上竹筏後，再將竹筏給推向至遠方。

沒多久，竟然有一條大魚游過來，將商人的船隻給翻覆，還吞吃了所有的商人。至於那個乘著竹筏的窮人，反而在季風的吹拂下，順利地飄向岸邊，使他能返回到故里；族人見他能平安歸來，都為他感到非常地高興。

在經文的最後，佛陀還解釋說：

貧人以三自歸、五戒、十善，奉齋懺悔、慈向眾生，故得是福；貧人者，我身是也。菩薩執志度無極，行持戒如是。

這個窮人因為受三皈依、持守五戒、力行十善，又持齋懺悔，還慈心愍眾，所以才會有此福報，能脫離險境。那位窮人，其實就是佛陀的前身；凡決心修菩薩行的，都應當如此矢志持戒。

持戒最重要的目的，就是讓我們能持守在「道」裡，「眼、耳、鼻、舌、身、意」才不致被外界干擾，心靈才能享有最大的自由。

戒律絕不是為了禁錮我們，反而能保護我們的性德，使我們能不離道，就能守住這顆摩尼珠——內在的如來藏，便能護住我們這顆心，也就守住了我們這顆成佛的種子，守住我們的佛性。若能持戒，就絕對能避開因情欲所招來的禍患，不被五欲六塵所擾。只有堅守持戒，我們的心才能從世界的染汙中脫離，以邁向清淨。

「照見五蘊皆空」，是因我們守在如來藏的本心，守住這性德，才能離一切苦厄，不被外界所擾而著相。外界全是業力所形成的暫時性幻象，我們實在無需在此頭上安頭，才能使內在性德的智慧自然現前，方能離開一切苦厄，這就是般若智慧。佛陀說法四十九年，講經三百會，目的就是希望我們的般若智慧能夠現前；要現前，就得要返至「真我」（道），故要「時時勤拂拭，莫使惹塵埃」。

持戒久了，會使我們對情欲和罪惡產生極大的排斥，不需要任何提醒，便能迅速遠離誘惑及罪惡，這是讓我們能夠身心平安、還能遠離災難的極重要關鍵。這就好比一個慣性抽菸的人，因為某些原因而戒菸了；這人過去或許嗜菸成性，但一旦戒菸後，就會非常排斥菸味。這也就是持戒所帶來的好處，會讓持戒者遠離一切足以攪擾自己身、心、靈的事物或思維。如此一來，我們才能享有清淨和舒暢，世界才能重歸於淨土。

忍辱——忍辱度無極章第三

忍辱，是心能安住而堪忍辱或惱害。忍辱有二：一是生忍，一是法忍。

《大智度論．卷十四》言：

問曰：云何「生忍」？答曰：有二種。眾生來向菩薩，一者恭敬供養，二者瞋罵打害。爾時菩薩其心能忍，不愛敬養眾生，不瞋加惡眾生，是名「生忍」。

「凡夫」最顯著的特質，便在持「分別心」，故而會有愛惡之別、有親疏之差，對一切眾生無法懷忍行慈。大乘菩薩之慈育眾生，則毫無差別、一視同仁，不因其對我是否恭敬或詈罵而有所分別；此即「無緣大慈，同體大悲」，就是以無分別之心，慈愛地對待所有眾生。

《大智度論．卷十四》對「法忍」也做了如下詮釋：

「法忍」者，於內六情不著，於外六塵不受，能於此二不作分別。何以故？內相如外，外相如內，俱不可得故，一相故，因緣合故，其實空故，一切法相常清淨故……如是觀諸法，心信不轉，是名「法忍」。

「生忍」之基礎在「法忍」，大乘菩薩體悟諸法因緣假合，其性本空，故而恭敬供養、瞋罵打害，全是特定時空及因緣條件下所暫起之假相。既然如此，菩薩對一切眾生便能清淨自在、不起差別，也毫無受辱；既無受辱，連「忍」之一字也不可得。

忍辱之要義

在《六度集經・卷五》的〈忍辱度無極章〉，講的就是修忍辱。《星雲大師全集》對「忍辱」做了如下三點說明：

（一）菩薩忍辱的動機，是不忍見眾生「以痴自壅，貢高自大」、「貪嫉處內，瞋恚處外」、「長處盲冥」，積苦無量，於是發願世世懷忍行慈，濟護群冥，助其免咎，獲得身心俱淨的喜悅。

（二）忍辱的態度：眾生愚昧，時時三毒焚身，常常不知不覺地作出害人害己的事情。面對這般難調難伏的無明眾生，菩薩依然不違悲心願力，不輕言棄捨任何一位眾生，「寧就湯火之酷，葅醢之患，終不恚毒加於眾生」，乃至「眾生加己罵詈捶杖，奪其財寶、妻子、國土，危身害命，菩薩輒以諸佛忍力之福，迮滅毒恚，慈悲愍之，追而濟護，若其免咎，為之歡喜」。

（三）忍辱的功德：「夫忍不可忍者，萬福之原」，是菩薩以「若無有愛育眾生猶護身瘡」及「截手足仍無以汙心，猶慈母哀其赤子」的悲心弘願，造就而成的忍辱功德。凡人在世，所以「有亡國破家，危身滅族」的遭遇，死後「有輾轉五道，太山燒煮，餓鬼畜生，積苦無量」的苦患，都是由於不能懷忍行慈。因此，能懷忍行慈的人，生時則可免受刀山劍樹之難，死後可脫離三惡道之苦，乃至成就無上正等正覺。

如《六度集經》第四十八則故事中便說：「忍不可忍者，是乃為佛正真之大戒。」又說：「貪欲為狂夫，靡有仁義心，嫉妒欲害聖，唯默忍為安。非法不軌者，內無惻隱心，慳惡害布施，唯默忍為安。放逸無戒人，酷害懷賊心，不承順道德，唯默忍為安。背恩無反復，虛飾行諂偽，是為愚痴極，唯默忍為安。」這是日常生活中人際關係和諧的不二法門。

忍辱本生故事

《六度集經．忍辱》的第四十四則故事，描寫了一位修忍辱的苦行僧，深切明了萬法如心之影像，如同被鏡子所照出，終究只是影像，便了悟妙真如性不增不減、不生不滅、不垢不淨，看似修忍辱、實卻一無所辱的典範代表。

一、羼提和梵志本生

從前有一位在深山裡修苦行的修行人，天天只食野果和泉水，以充饑裹腹。由於他不斷精進用功，使得他不僅身心清淨，還煩惱全除。一切諸天鬼神，都對他非常讚歎和恭敬；他的修行還能影響到整個國度，使他的國家也因此富饒安樂，且風調雨順。

某一天，國王到山裡去狩獵。他本來在追逐一隊鹿群，走著走著卻追丟了。於是，國王便循著鹿群足跡，來到了修行人的居所。國王看到這修行人，便詢問他鹿群的去向。修行人默默不語，只專注地思索著：「眾生都是貪生怕死的；我若告訴大王鹿群去向，豈不就和他一樣殘暴不仁嗎？但若是不說，就是欺騙大王。我究竟該怎麼辦呢？」

這位修行人心中還正在猶豫和思索，國王卻難以忍受，認為這個修行人不願回應，就是在藐視他。於是，國王心中燃起了一股怒火，就問他：「你到底是誰？」修行人回答說：「我是修忍辱的仙人。」

國王便說：「你既然是修忍辱的仙人，我現在就要看看，你究竟是忍得了還是忍不了！」因惱羞成怒而喪失理智的國王，說完便立刻拔出刀，將修行人的右手砍下，鮮血便自修忍辱仙人被砍斷的手臂上不斷湧出。

然而，修忍辱的仙人非但沒有一絲憤怒，還只是專注地思想著：「我上求佛道，與世無爭，大王對我卻還能忍心地下此毒手，又何況是對下層的無辜百姓呢？」於是，仙人便心中暗暗地發願：「有朝一日，我若修成正果，一定要先來度這大王，絕不讓無辜的百姓，被牽連而受害。」

國王見他竟如如不動，雖感到奇怪，卻更是憤怒於是再一次問他的名字；這仙人並不懼怕，仍然堅毅地答覆：「我是修忍辱的仙人。」

修忍辱的仙人愈是如如不動，國王便更是憤怒，於是，國王就用手中的劍，在每次的一問一答中，一一將仙人的手、腳、耳、鼻全都砍下，使仙人全身血流如注，非常疼痛。

此時，天地突然震動，眾神無不憤慨，國王的惡行實在是太天怒人怨了，連四方鬼神都無法忍受，想毀掉這國家，以譴責國王犯下的罪行。

但修忍辱的仙人反而卻勸阻諸神，說：「這是因過去無數劫中，我沒奉行佛教，曾殘害過他，今天才會有如此的果報。如今我若報復他，與他所結下的冤結，豈不就沒有結束的一日。」

百姓們知道了這件事後，都非常難過，更是極度痛恨大王的暴行。但修忍辱的仙人卻對百姓說：「大王雖用這般殘忍的方式待我，我的內心，卻一點都不憤怒，而是十分地哀憫他，就如同一慈母，憐念自己的孩子一樣。因此，我的內心對他，才會從來不曾懷有怨懟。若我所說的真實不虛，我的身體，便會立即恢復至原來的模樣。」

果然，忍辱仙人的身體，真的回復到從未被國王砍傷時的模樣，百姓對於他的德行，無不更稱歎和景仰，也終於明白了，什麼才是忍辱的修行。

這個修忍辱的仙人，就是釋迦牟尼佛行菩薩道時的前身。

這位修忍辱的仙人，被國王殘暴地砍下手、腳、耳、鼻時，儘管疼痛難耐，但心卻清淨無比，絲毫無任何地憤怒及憎恨。在常人看來，這根本是個極不合邏輯的故事，但他既一心向「道」，早已心中無相，修得五蘊皆空，理事無礙、事事無礙，故而便能行常人之所不能行的超越。此刻的災難，在他心裡根本不是苦難，反而更證明了他其實早已修得正果；否則，這位修忍辱的仙人，又豈能忍人所不能忍、行人之所不能行呢！

在《莊子．讓王》篇裡，記載了一則孔子周遊列國時，被困於陳、蔡，卻能勝過逆境的故事：

> 孔子窮於陳、蔡之間，七日不火食，藜羹不糝，顏色甚憊，而弦歌於室。顏回擇菜，子路、子貢相與言曰：「夫子再逐於魯，削迹於衛，伐樹於宋，窮於商、周，圍於陳、蔡，殺夫子者無罪，藉夫子者無禁。弦歌鼓琴，未嘗絕音，君子之無恥也若此乎？」
>
> 顏回無以應，入告孔子。孔子推琴喟然而嘆曰：「由與賜，細人也。召而來！吾語之。」

子路、子貢入。子路曰：「如此者可謂窮矣。」孔子曰：「是何言也！君子通於道之謂通，窮於道之謂窮。今丘抱仁義之道，以遭亂世之患，其何窮之為？故內省而不窮於道，臨難而不失其德，天寒既至，霜露既降，吾是以知松柏之茂也。陳、蔡之隘，於丘其幸乎！」孔子削然反琴而弦歌，子路扢然執干而舞。子貢曰：「吾不知天之高也，地之下也。」

孔子周遊列國十二年，就是為了要將所倡導的「仁政」，能推行於天下；但各國君主及那些只憑血緣紐帶，就能登上政治舞臺，而主掌一切政權的貴族們，無不早已墮落至極，他們心中所想，都只在謀利一事，又豈會肯願意聽從呢！

即便如此，孔子仍「知其不可而為之」（《論語．憲政》）因「天下有道，丘不與易也。」（《論語・微子》）正是因天下已偏離大道，孔子才需艱辛地與門徒周遊天下，想將離經叛道的諸侯們，全都導回正道。

到了第十二年，楚君終於想重用孔子，孔門師生都非常高興，但鄰近楚國的兩個弱小的陳國和蔡國卻格外擔心，深怕孔子一旦入楚，必會使楚國更加壯大；楚國若更強大，他倆國豈不得被楚國給吞掉？

陳、蔡兩國於是便聯合起來，在陳、蔡兩國交界的邊界上，以重兵將孔門師生團團困住，令他們斷水缺糧，目的就是為了讓孔門師生打消進入楚國的念頭。

只要孔子同意不入楚，他們就會立刻撤兵；但是，孔子又豈是他人所能威脅的，他可是具備著智、仁、勇三達德的「仁者不懼」啊！因此，即便被重兵包圍，孔子仍是弦歌不輟，如同未發生過任何事一樣。

問題是，境界仍遠遠不及孔子的弟子們，全都病的病、倒的倒，子貢和子路已再也無法容忍，子路於是氣憤地進入孔子帳內問道：「難道夫子不覺得我們在此被困，是件非常可恥的事嗎？」「我們是向各國君主宣揚仁政的君子，所做的全是利益天下之事，為什麼卻還會陷入如此困境呢？」子路將此困境稱為「窮」。

孔子聽後並不生氣，只溫和地教導子路：「君子通於道之謂通，窮於道之謂窮，今丘抱仁義之道以遭亂世之患，其何窮之為！」孔子認為，所謂「窮困」，不是指經濟、地位等一切外在條件的困境，而是指人的心及行為，都已經與道相違了。

「心」若能始終「與道合一」，就是「達」；即便遭遇任何困境，也不過是因世人太與道相違，天下才會墮落成亂世，孔門才無辜地遭此劫難。

既然如此，孔子非但不難過，還在這場災難中，使他終於能看見，一生所致力追求的「道」，就是得因著一些困境才能被檢驗出來。

如今困於陳、蔡，反而使孔子能知曉，自己早已「與道合一」，這才是令孔子最為慶幸之事，他高興都還唯恐不及，又豈會感到恥辱呢？

由此可見，「與道合一」是我們修忍辱的極重要關鍵，若能修到對逆境不再有任何情緒起浮，處於任何狀態都能清淨、平等地觀自在，就是已到了「無辱」可言了，如此又豈需再修忍辱呢！

二、槃達龍王本生

另《六度集經．卷五．忍辱度無極章第三》的第五十則故事裡，記載了一則「槃達龍王本生」故事，不僅可以讓我們看到佛陀前世修「忍辱」的具體內容，也看見能忍辱的最大關鍵，便在他已「當體即空，了不可得」，當下便已滅幻，如《金剛經》所言：「無我相，無人相，無眾生相，無壽者相，離一切相」，故而無生法忍，見一切相皆離相，卻不忍眾生著相的極大慈悲。

在古時候有個拘深國，國王叫做「抑迦達」；抑迦達國王有一子、一女，王子叫「須達」，公主叫「安闍難」。國王非常愛這兩個孩子，便命人造個金池，讓公主和王子都能在金池裡洗浴。

某日，有隻瞎眼的烏龜不小心落入金池裡，使王子受到驚嚇，王子大聲驚叫。國王知道後非常震怒，便下令將金池裡的烏龜打撈上來，還詢問大臣們應當怎麼處置這烏龜。

大臣中有人說：「應當將烏龜斬首。」有人說：「應當燒死牠。」也有人說：「應當把烏龜錯開做成肉羹。」又有位大臣說，這樣不夠殘酷，最殘酷的做法，就是把烏龜丟進大海裡。烏龜聽了真是太開心了，就笑著回答說：「對，這樣才是最殘酷的。」國王於是下令把烏龜扔入海裡。

烏龜脫險後，便游往龍宮，向龍王稟告說：「人類的國王有個非常漂亮的公主，想要許配給龍王，特別派我前來向您報告。」龍王非常高興，便問烏龜：「這是真的嗎？」烏龜說：「那當然。」於是龍王派出十六位賢臣，和烏龜一同前往拘深國去迎親。迎親隊伍才剛走到城下，烏龜就轉身對他們說：「你們在這兒稍等，待我先進城去向國王稟告。」說完，烏龜便趁機逃跑了。

這十六位大臣等了許久，卻不見烏龜回來，實在等不下去了，便決定自行入城去見國王。拘深國的國王見了他們，問他們何故來此？十六位大臣便答覆：「大王您說要將公主嫁給龍王，所以我們才會前來迎娶。」國王聽後非常震怒，便說：「根本沒這回事，我哪有要將公主嫁給龍王啊！」

使臣們見國王堅決不讓公主出嫁，一怒之下，便把皇宮裡的所有器物全變成凶惡可怕的龍；萬般無奈下，國王只好將公主安闍難許配給龍王為妃。

後來，龍妃生下了一男一女，男的名叫「槃達」。槃達成年後，繼承了王位，也享受著榮華富貴的舒適生活。

不過，槃達最心繫的卻是修行，非常期盼能過隱居的生活。因此，他一直到處躲藏；但無論他躲藏到哪兒，都會被他的妻妾們找著。

一日，槃達瞞著妻妾，悄悄地登岸修道。槃達將自己化做一條蛇，在梨樹底下修行。自此以後，一到夜裡，梨樹下便會現出數種明亮的燈火；在白天，則會看見絕世的清香花朵。

當時有位能降龍（蛇即「小龍」）的人，名字叫做「陂圖」；他到山裡去找龍，想用龍來討飯吃。他遇見一個牧童，便向牧童打聽，得知在梨樹下有條不會傷害人的蛇。陂圖來到梨樹下，看到了一條盤伏的小蛇；他就把毒藥塗在蛇牙上，使蛇牙完全脫落，再用木棍狠狠地打著這條蛇。

槃達因為在修忍辱，便忍受劇烈疼痛；他的內心全無怨恨，反倒更慈悲地發願：希望自己成佛之時，能度盡一切眾生，使眾生皆得安穩。

陂圖將蛇放到一個小箱子裡，周遊各國去乞討表演；每到一個地方，便表演蛇舞，受到觀眾喜愛，便為降龍之人賺進了不少錢財。陂圖最終竟然走到了槃達外祖父的國家——拘深國。

此時，槃達的家人全化身成鳥類，停在宮殿的屋頂上，以等待著槃達。陂圖用笛聲下令，槃達蛇就會變成有五個頭的小龍，從小箱子裡起身舞動。

忽然，槃達發現，站在眼前觀賞他表演的，竟全是自己的親人，便羞愧地鑽回箱子裡去，陂圖喊了五、六次，他才十分不情願地出來表演。

槃達的母親立刻化為人形，向國王稟告此事；國王與大臣都非常氣憤，要將陂圖處死。槃達卻請求國王勿造惡業，還要實現陂圖的願望，賜給他想要的金銀財寶。國王答應了槃達的請求後，就打發他走了。

陂圖得意洋洋，卻沒料到遇上了強盜，財寶瞬間便給洗劫一空。

槃達母子受到國王的熱情款待，也非常感激國王的救命恩德，便允諾國王，何時需要他，只要呼喊他的名字，他就一定會前來探望。

經文的最後，佛陀告訴眾比丘說：

槃達龍王者，吾身是也；抑迦達國王者，阿難是也；母者，今吾母是也；男弟者，鶖鷺子是也；女妹者，青蓮華除饉女是也；時酷龍人者，調達是也。菩薩弘慈度無極，行忍辱如是。

當時的槃達龍王，就是佛陀；那位拘深國的國王，是阿難；而那位降龍之人，則是調達，也就是提婆達多。這個故事，充分顯現了佛陀在過去身為龍王槃達時，為修行菩薩道，所極力實踐的忍辱修道精神。

依真如本性，一切現象不過都是幻境，如《金剛經》云：「凡所有相，皆是虛妄」、「一切有為法，如夢幻泡影，如露亦如電，應做如是觀。」我們所認為、所感受的嚴重事物，全都只是暫時的存在，都是因緣業力所一時生成，不會永恆不變。因此，《圓覺經》才會說，諸法全是虛幻的，不是我們的本性、本心，而是六根、六塵、六識所建立起的萬法諸相。

萬法既皆是幻相，若執著在幻相裡，就會被假相所迷惑和顛倒，使我們陷入妄想、分別，而悖離我們的清淨自性。如此，便難以證悟大智慧，也無法了悟清淨自性中的「常」、「樂」、「我」、「淨」境界。

當下若能立即體悟「當體即空，了不可得」，才能滅幻；只有滅了幻，才能體悟空性就是「常」，這就是「畢竟空」。「常」不離當下的「無常」，「無常」當下就是「常」，清淨無染的平等才會現前。因此，只要將這幻相給滅了，不再著相，真如本性現前，這就是「真」，就是「常」。

見性之人，所見為真如本性。真如本性從來是不增不減、不生不滅，是我們的意識海，是宇宙真相（諸法實相），也就是我們的佛性。

人人皆有真如佛性；只要能回到本體的真如本性，就一定能體會「當體即空，了不可得」。一旦如此，便能證入無生法忍；此等忍辱對佛陀而言，實根本無需去忍。

佛陀的忍辱，不過是示現給眾生看的教育。清淨、自性才是「永恆」，才是「常」；外界的幻境，全都只是暫時生滅的「無常」。見性的佛陀，不過是在示現何謂「無常」、何謂「常」。

落入「無常」相者，才會有苦，才需要修忍辱；在「常」裡，清淨的自性現前，不生、不滅、不染、不垢，是進入至真常大樂，根本不見任何苦，自然是無需再修「忍辱」。

「動念即乖」是說，一旦動了念頭，就會被幻相所迷，有念頭便會有生滅相，便會有所偏差（乖）；而佛陀所示現的無生法忍，恰恰正是不被幻相所惑。既然如此，便已無妄想、執著，是真如本性的大現前，此也正是「佛」與「凡夫」的最大區別。

精進，又作精勤、勤精進。「精進」是修道之本，要勇猛策進地修諸善法，毫不懈怠地修善斷惡，去除染汙以轉向清淨。故而《大智度論‧卷十五》云：

今欲得知諸法實相，行般若波羅蜜故，修行禪定。禪定是實智慧之門，是中應勤修精進，一心行禪。

精進修持，是為了能了知萬法本自寂滅、性相一如，萬法變化畢竟空。「精進」就是為了滅我之貪、瞋、癡，方可真正行修戒、定、慧，以證悟諸法實相。凡夫最大的習性，就是誤將幻相當真相，才會陷入深度的執著，而造成生生世世無法斷滅的輪迴宿業。

精進之要義

在《六度集經．卷六》的〈精進度無極章〉，講的就是修精進。《星雲大師全集》對修「精進」做了如下兩點說明：

（一）精進的意義：是指努力收攝身口意三業，使其向善不犯過。也就是著力於六根的收攝，使「其目髣髴，恆睹諸佛靈像變化立己前矣；厥耳聽聲，恆聞正真垂誨德音；鼻為道香，口為道言，手供道事，足蹈道堂，不替斯志呼吸之間矣」。

（二）精進的動機：菩薩累劫精進不休，行住坐臥之際無不以道為念，志恆存「無常、苦、空、無我」之想，坐則思惟，遊則教化，一意崇尚無欲之行，旨在「憂愍眾生，長夜沸海，洄流輪轉，毒加無救」，於是發願療治眾生億載病苦，化其愚冥，令其能真正奉行六度，不再受困於無涯的沉淪苦痛。

精進本生故事

一、凡人本生

在《六度集經・精進度無極章》中的第五十五則故事，描寫了佛陀前世仍為凡夫時，為了能修得正果，便不畏任何艱鉅，一心只在精進以證道的極佳典範。

釋迦牟尼佛在過去因地修菩薩行時，其中有一世還只是個凡夫。當時菩薩聽聞了「佛」的名號，知曉佛相光明，有著無畏的大威德力，功德高偉，便決心追隨佛陀修行成就，使煩惱諸苦皆得除滅。

菩薩雖發願定要成佛，但當時佛早已入涅槃，菩薩又沒見到任何比丘眾，實在無從聽聞到任何佛法。他便悲泣不已地說：「我要如何才能得到佛陀所說的經典，受持讀誦，依之實踐，乃至能成佛，並療癒眾生煩惱之病，令眾生得以回復本然清淨呢？」。

當時，他身旁有個生性貪吝凶殘之人，見菩薩如此精進，求法之心懇切而勇猛，便告訴他：「我知道佛宣說三戒一章的法，你想要領受嗎？」菩薩一聽，真是歡喜無量，便五體投地向他頂禮，懇切請戒。

這個貪殘之人卻說：「這可是無上正等正覺、調御丈夫、天人師、佛的重要教法，難道這麼容易便讓你白白聽聞嗎？」菩薩於是問他：「那麼，我究竟該如何請法呢？」貪殘之人說：「你若真是至誠懇切求法，就在你身上的每個毛孔處，都插入一根針，待你身上毛孔全都插滿針，已全身流血，身體十分痛楚，內心卻絲毫沒有退悔念頭，如此便可以聽聞無上尊貴的教法了。」

菩薩回答：「聽聞佛法後，即便會立刻死去，我也十分歡喜，何況只是在毛孔上插針，肉身依舊能活著修行，我當然要領受奉持。」說完，菩薩便以針扎滿全身毛孔，全身便血流如泉。菩薩因為太歡喜於聞法，反而因此修成了無痛之定。

天帝釋提桓見菩薩為聞正法、心志勇猛堅定，又見他受如此之苦，因而心生憐憫，於是便用神通，讓所有插在菩薩身上的針化為一針。那個貪殘之人見菩薩求法之願心如此堅毅高遠，便告訴他佛所說偈子：

守口攝意，身無犯惡，除是三行，得賢經度。

是諸如來，無所著、正真尊、最正覺戒真說也。

意思是說，要謹慎持守口業，端攝心念，使身業不犯過惡。身、口、意三業若都清淨了，就能進到賢聖之位，這就是諸佛如來所宣說的戒法。

菩薩聽聞戒法後，便非常歡喜地向貪殘之人頂禮。就在他低頭時，發現原本插滿全身毛孔的針竟然瞬間都全部消失；菩薩變得神采奕奕，氣力比過去更好，天人龍鬼沒有不讚歎菩薩的行持。菩薩的道心堅定，又勇猛精進，使其梵行高遠；他又依照佛的教法而不斷努力，最終可成就佛道，以拔濟眾生。

佛陀說完這故事後，便對所有比丘們說：

授菩薩偈者，今調達是。調達雖先知佛偈，猶盲執燭炤，彼不自明，何益於己？菩薩銳志度無極，精進如是。

佛陀說，當年傳佛偈給菩薩的那個貪殘之人，其實就是現在的提婆達多。提婆達多雖有因緣，能在佛陀之前便先聽聞到佛偈，卻不知要如法修行；就如同是盲人拿著蠟燭，不知要為自己照明，又有何用呢？佛陀過去行菩薩道，修精進波羅蜜時，就是如此勇猛堅定，從未有疲乏厭倦之時。

《論語．里仁》云：「子曰：『朝聞道，夕死可矣。』」在《論語．雍也》篇中，孔子也曾讚歎顏回說：「一簞食，一瓢飲，在陋巷，人不堪其憂，回也不改其樂。賢哉回也！」孔子和顏回這對曠世難遇的師生，所樂究竟為何？不正是「聞道」之樂嗎？

《孟子．公孫丑上》云：「子路，人告之以有過則喜；禹聞善言則拜，大舜有大焉，善與人同。」意思是說：只要有人告知子路，他還有那些過錯應當調整，子路都會非常開心。大禹只要聽見美好的言論，就會高興地下拜。舜最了不起之處，就是他會時時留心他人的美德，也身體力行這些美德。於是，他身邊之人不僅時時受到鼓勵，久而久之也會被其感染而端正言行。

孟子所列舉子路、禹、舜的這些作為，都在說明，這三人對「道」是何等地喜歡和樂於領受。當有人告知子路所犯過錯，不正是在給予子路修正言行、以重新歸返於「道」的機會嗎？一切的善言全是來自於「道」，禹太想聞道，才會一聽見善言，便謙恭地向其行禮。舜深知只有行在「道」中，才可能展現一切美好的言行和舉止，故而他要留心他人身上所能見到的所有美德；因為，只要看到這些美德，就等於是看見「道」。

這三人之樂，同樣也是體現了孔子所說的「朝聞道，夕死可矣」。心中只要時時渴慕聞「道」，一旦若有機會聽聞，便會直接化入心中，令人身心得以充沛著無盡的光明和力量，非任何物欲之樂所能比擬；故可令人於心生領悟後，眼界竟可超越一切，能不再被任何現象迷惑。

二、龜王本生

在《六度集經．精進度無極章》中的第六十一則故事裡，描寫了佛陀與提婆達多結怨的最起始根源。在這段本生故事中，提婆達多雖貴為龜王，卻不願精進修道，故而缺乏龜王當有的智慧；因他德不配位，才導致無數烏龜受到災禍。

過去世的佛陀，曾經有一世是一隻龜王。這隻龜王日夜都精進思考，想尋找契合一切眾生機緣的方法，想讓眾生的神識都能歸於本無真性——證得無上正等正覺。

當時還有另一隻龜王，與他共同生活在深山中。某一天，兩隻龜王都見到一現象，就是有隻壁虎爬上樹後又跳下來，反覆不停。

佛陀龜王看到這一現象後，便預知將會有災禍到來，故而審時度勢地對另一隻龜王說：「這顯然是個會危及安全的現象，我們都當儘早避開才是。」另外那只龜王卻愚鈍不堪，完全固執己見，不肯聽從其勸說。

佛陀龜王實在沒辦法，只能盡力拯救其他肯聽從勸說的烏龜們離開，方能免除即將到來的災禍。

十天之後，有隻象王帶領象群走到了那棵樹下休息，那隻壁虎還在重複著爬上樹又跳下來的動作。正當壁虎再一次從樹上跳下時，卻不慎掉進了象王耳中；象王因受到刺激和驚嚇，便狂叫不已，導致群象也跟著受驚，就向四處狂奔，縱橫踐踏，而踩死無數山龜。

那隻不聽勸說的龜王便非常憤怒，對佛陀龜王說：「你明知會有這樣的事情發生，卻不肯明確地說出來；我若因此而喪命，你卻苟活於世，這還能叫做善心嗎？為了報復你這惡心，在未來的無數劫中，我都要生生世世找你麻煩！你只要讓我碰到，便一定要殘害你到底！」

最後，佛陀告訴所有聽道的比丘說：

善占龜者，吾身是也；自專不去者，調達是也。菩薩銳志度無極，精進如是。

佛陀龜王因為精進，才能擁有最高智慧，而善於審時度勢，看見即將來臨的危機。至於那位固執又不肯離去的龜王，就是提婆達多的過去世；他不反省自身早已深陷五欲六塵，不可自拔，以致看不到任何真相，卻心生瞋恨，以至生生世世皆愚癡地與佛陀為敵。

提婆達多龜王與佛陀龜王的最大差異，就在於提婆達多是「專愚自由，不從真言」，佛陀則「晝夜精進思善方便，令眾生神得還本無」。提婆達多的心念全在「我」，他是以滿足我、成就我、凸顯我，做為生命追求之目標。佛陀則不同，心心念念都在尋找幫助眾生，能回歸本無真性，證得無上正等正覺的機緣和方法。

凡以「我」為目標者，必將陷入「我執」而「著相」，落入走不出的苦，流轉於「貪、瞋、癡」中，無法出離無量無邊的煩惱，這便是何以提婆達多會生生世世執意傷害和報復佛陀。提婆達多卻不知道，無論他採用什麼手段，能傷害的不過是佛陀的色身，卻傷不了他清淨自性的法身。反之，提婆達多真正傷害最深的，卻是自己清淨自性的法身；是他深度的無明，才讓自己墮入永生永世的輪迴，不得解脫。

《道德經・第二十章》所描述的境界，或許可以用來幫助我們了解佛陀與提婆答多兩者之差異：

眾人熙熙如享太牢，如春登臺，我獨怕兮其未兆，如嬰兒之未孩，儽儽兮若無所歸。眾人皆有餘，而我獨若遺，我愚人之心也哉！沌沌兮，俗人昭昭，我獨昏昏；俗人察察，我獨悶悶。澹兮其若海，飂兮若無止；眾人皆有以，我獨頑且鄙。我獨異於人而貴食母。

整部《道德經》談的都是「道」。為了讓人能更清楚明白，如何去「知道」、「體道」、「悟道」，且又願意去「行道」，老子便在每一章中，除了條列「道」與「非道」的差別，也想讓人了解兩者所形成的不同生命境界，會令人有著什麼樣的生活品質。

在道外生活的，只會追求感官的刺激；愈炫麗、愈能令感官舒服的，都會愈受歡迎。大家會一窩蜂地去追逐，還會在其中感到非常享受，就像是吃到等級最高的大餐一樣。殊不知，如此將會導致「失真而不自覺」（范應元《宋本老子道德經》），久而久之，連自己是誰、該做什麼事、該負什麼責，都會弄不清。成天只會用外界建構的價值觀來看待自己，活在患得患失、寵辱若驚中，或自欺欺人度日，或為了轉眼即空的欲望便犧牲了自己，將自己如同低價商品給賤賣掉。

在道中生活的人則不同。其心境淡泊，愈進入至「道」中，就會愈容易察覺自己是否正在迷失於世界的誘惑中。境界最高的，即便還看不出有何情緒波動的徵兆，自己都會立刻當下止住，讓自己重新返回到沒有任何虛偽價值判斷的嬰兒狀態。他們知道，生命的充分滿足，從來不是因為外在的物質、身分或任何條件，便不會在這些事上去盲目追逐。在道外的人眼中，這是一無所有，是愚昧的；道中之人卻甘之如飴，絲毫不覺匱乏。

道外之人看似精明幹練，掌握著世間一切的動向及變化；哪裡有利，他們就往那兒跑。道中之人，則像是與世脫節，對任何利益都缺乏敏銳度，也從沒打算去跟著湊熱鬧；其心境卻清澈至極、寬大無比，如同寧靜的汪洋大海，又像是海上吹拂的清風，將生命中的任何阻礙都視為自然；宇宙有多大，心境就能有多深廣。

道外之人的手中，似乎總有抓不盡的利益；求道之人則完全相反，心思意念除了著眼在「道」，其餘都別無所求。但奇妙的是，愈向外抓取的，就會愈怕失去；因為所得的一切，全是付上了無法預估的代價才可能得著。道中之人則相反，心中只有充溢於宇宙萬物的「道」；有「道」，便能擁有全宇宙，又豈會失去什麼。

回到清淨心，當下便知：「當體即空，了不可得，無生無滅。」不僅不曾得過什麼，也絕不會失去什麼，這才是宇宙人生的真相，又何來「我執」與「法執」？心自然清淨平等覺，才能遠離顛倒、夢想、煩惱，回到自然的清淨心體，湛然常寂，妙用恆沙。

前世的提婆達多與佛陀雖同為龜王，但提婆達多心中只熱衷於如何成為擁有眾多子民的大王；當佛陀觀測到壁虎異於常態的行徑，善意提醒提婆達多，日後將會有危及生命的災難，提婆達多卻充耳不聞，終日只縱容著自己的感受度日。待滅頂之災真到來時，提婆達多非但沒悔悟之心，還瞋恨佛陀，甚至立誓生生世世不願止息地報復，起心動念全陷入妄想、分別、執著的輪迴業中。

禪定——禪度無極章第五

禪定，是將心專注於某一對象，達到極寂靜以詳密思惟之定慧均等的狀態。禪定是於定中脫卻塵世俗見，以見一切諸法之如實本相，而了悟一切內在情執及外在塵相無不皆是緣起緣滅；惟有以空為性，方能得大解脫、大自在，才得有大智慧以護持眾生。

修習禪定者最忌諱便是將禪定見境相執以為實有，此必易生驕慢偏執，非但不求長進，甚至可能因此禍亂人間。故《大智度論．卷十四》云：

> 菩薩不取亂相，亦不取禪定相，亂、定相一故，是名禪波羅蜜。

諸法皆空，禪定之法亦是如此。因此，任何執著於禪定之相者，必不見諸法實相，乃無智無明，自尋煩惱，作諸惡業。

禪定之要義

在《六度集經．卷七》的〈禪度無極章〉，講的就是修禪定。《星雲大師全集》對修「禪定」有如下三點說明：

（一）禪定的意義是「端其心，壹其意，合會眾善，內著心中，意諸穢惡，以善消之」。簡單地說，就是專一心境，使冥退明存，道志強盛，令明善之心得以昭然。

（二）禪定的內容，則如《六度集經》第七十五則經文所載：

初禪：十惡（眼樂色、耳音、鼻香、口味、身好、貪、瞋、癡、慢、疑）退，五善（一計、二念、三愛、四樂、五曰一心）進。

二禪：不計、不念，制心內觀，善行在內，不復由耳目鼻口出入，善惡二行不復相干，心處在內，唯有歡喜。
三禪：除去歡喜，心尚清淨，怕然寂寞。
四禪：喜心去，得寂定。
又云：「一禪，耳為聲亂；二禪，心為念亂；三禪，心歡喜亂；四禪，心為喘息亂。一禪耳聲止，進至二禪；二禪念滅，進至三禪；三禪歡喜滅，進至四禪；四禪喘息滅，得空定。

（三）習禪的方法，於初禪進二禪，二禪進三禪，三禪進四禪之際，須有三行，即：「勤仂（不懈）、數念、思惟」。此外，在第七十六則經文中，也記載有能令行者內淨、一心得禪的種種方法。如：或見老病死相，或觀屍腫脹爛臭，或聞地獄湯火之毒及餓鬼饑饉積年之勞，或睹畜生屠剝割截之苦，或思十六事，或觀身不淨等法等

禪定本生故事

一、太子得禪

在《六度集經．禪度無極章》的第七十九則故事裡，描寫了佛陀前世為悉達多太子時，精進修道而最終成佛。成佛後，佛陀首先度化的，竟是在水底裡的文隣龍王。

出家修行的悉達多太子，有一天拾取了地上的稾草，鋪在菩提樹下，端坐其上，摒除心中的所有雜念，專注一心禪坐，並立下了最堅定的誓願：「從現在開始，即便此身的肌肉、筋骨都枯朽腐敗，若未成就佛道，絕不起身離開此座。」發完願後，悉達多太子即證初禪、二禪、三禪、四禪。

悉達多太子又繼續地精進不懈，於是在上半夜便證得「一智明」，能遍知過去無量劫之父母、兄弟、妻子等九族親眷。到了中半夜，證得「二智明」，能自知過去無量劫所經歷的貧富、貴賤等宿命，也能知曉一切眾生心中所有的心念。到了後半夜證得「三智明」，心中的「貪、瞋、癡」三毒皆被除滅。到了天快亮時，便成就了無上佛果。

成佛後，佛陀便想：「我如今終已成就佛道，無所不知，所證甚深甚深，難知難了，微中之微，妙中之妙。」

佛陀起身之後，走到文隣龍王的所在處，在水邊的一棵大樹下端坐。佛陀思惟：「過去錠光佛曾授記我，未來將成佛，佛名釋迦文佛，如今真如錠光佛所授記，我現在已成就佛道。我從過去無量劫以來，一直勤修布施、持戒、忍辱、精進、禪定、般若，發大願心，積累福德，今日才可成就無上佛果。因地修善積福，無不廣積福德。」正當佛陀在如此思惟時，便進入了禪定波羅蜜。

此時，佛身大放光明，照進了文隣龍王的居所；文隣龍王見到如此光明，全身鱗甲不禁豎立起來。文隣龍王曾經見過拘婁秦佛（拘留孫佛）、拘那鋡牟尼佛（拘那含佛）、迦葉佛，這三尊佛成就佛道後，都曾經來此水邊禪坐，其佛身光明都曾遍照至龍宮。

文隣龍王一見到這光明，便瞬間想到：「這光明和之前三佛的光明是一樣的，難道這世間又有佛出世了嗎？」

文隣龍王頓時心生極大歡喜，趕緊浮出水面，環顧四周，看見佛陀正於樹下禪坐，其相甚是莊嚴，具足三十二相好，身紫磨金色，光明勝過日月。

文隣龍王便立刻上前頂禮佛陀，又繞佛七匝，然後在距離佛陀約四十里處，化現成七頭身，再以七個頭羅列成傘蓋，覆於佛陀的頭頂之上，以護衛佛陀。

文隣龍王因心生大歡喜，便與風行雨了七日七夜。這七天中，佛陀皆端坐不動，進入甚深禪定，一念不生，未曾飲食；文隣龍王也因為能見到佛陀，身心皆沉浸於歡喜之中，也七日未曾飲食，卻毫無饑渴之感。七日後，風雨終於停止，佛陀便出定。

佛陀出定後，文隣龍王即化身成一位年少的梵志（凡是以淨行為志者，皆稱為「梵志」），身著華服，長跪合掌，請教佛陀：「得無寒、無熱、無饑、無渴，一切功德福報全部匯聚，眾毒不得加害於身，成就了佛道，為三界中最尊最勝，是不是很快樂呢？」

佛陀回答文隣龍王說：「眾生能夠脫離三惡道，得生而成為人是快樂的；身處世間，能夠守志奉道是快樂的；所希求的願望，能夠如願以償是快樂的；身處世間，能夠心懷慈悲、不傷害眾生是快樂的；能不受天魔侵擾是快樂的；心中淡泊無欲、不貪慕榮華富貴是快樂的。能夠於世間成就道業，成為天人師，不被有漏的色身所困，永遠不再受生死輪迴之苦，才是究竟無上的快樂。」

文隣龍王聽聞佛陀說解後，立即頂禮佛陀，並向佛陀稟告：「從今以後，我至心歸依佛、歸依法。」

佛陀告訴文隣龍王：「之後會有眾多賢聖現出家相為比丘僧，都是你要歸依的。」文隣龍王回答佛陀說：「是。」便發願歸依眾僧。

在畜生道中，最先被佛陀度化而歸依三寶的，就是文隣龍王。這是悉達多太子成就佛道前，身為菩薩時，修習禪定波羅蜜，專心一志，方可成就如此功德。

孔子曾說：「君子無終食之間違仁，造次必於是，顛沛必於是。」（《論語．里仁》）意思是說：一個真正的君子，全心全意都專注在仁道的實踐，即使是短短一頓飯的時間也不會違背。不論遇到極倉卒的緊急事件，或是顛沛流離、陷入極度的危險，也絕對不會使他背離仁道。孟子也說：「富貴不能淫，貧賤不能移，威武不能屈。」（《孟子．滕文公下》）對「道」的追求及落實，必須得如此堅定地落實心志，才能形成真正的獨立人格、產生強大的精神力量，不被世間的虛幻、假相、權勢、脅迫所屈服或傷害。

佛陀為悉達多太子時，竟能戰勝一切欲望，立誓：「今日為始，肌筋枯腐，於此不得佛者，吾終不起。」此等誓願，何其宏偉，何其難得，更是何其不易；待其成就佛道後，連身處畜生道高位的文隣龍王，都能被其度化。此即說明：欲成就佛道，確實相當艱難，必須得立下極大宏願，才能於任何處境和任何危機下，都絕不偏離此志。唯有能忍人之所不能忍，行人之所不能行，才能體悟萬法本自寂滅，性相一如，本如來藏，妙真如性，不增不減，不生不滅，不垢不淨，以得圓滿光明的覺性。能如此自度，方能度盡天下一切蒼生。

二、那賴梵志本生

在《六度集經．禪度無極章》的第八十二則故事裡，描寫了一個修禪定的故事，可以做為其中的代表。

很久以前有兩位菩薩，志行清淨，心境寂然，無所欲求，心志光明磊落。他們遠離人群，在山林水畔間，鑿山壁為室，悠閒自在；以菅草為衣，織草席為榻，食野果，飲山泉，完全清淨無為。

兩位菩薩因為志行弘大，又清淨無為，便已證得四禪，具備了五種神通之智：一是能「徹視」，無論距離多遙遠都能清晰地鑑識；二是能「洞聽」，再輕細、再微隱的聲音，都能聽得清清楚楚；三是能「騰飛」，無論是上天下地，都能出入無礙；四是能通達知曉十方眾生心中所念；五是能知曉無數劫以來宿命的變更。因此，梵天、帝釋天、仙人、聖者及諸天龍鬼神都非常敬仰他們。

這兩位菩薩，一位名為「題耆羅」，另一位名為「那賴」，他倆住在山澤壁室已長達六十餘年，時時悲念眾生愚癡昏昧、不知道因果輪迴，造惡業而形成惡報；倘若眾生皆能行善，少欲知足，敬奉三寶，福報具足，就必能有善報。為了要啟發眾生之智慧，兩位菩薩便決定要幻演一事。

有一天，題耆羅於夜間誦讀經教，因為太疲憊，便睡臥在地上。那賴當時也在誦經，不小心踩到題耆羅的頭，他立刻醒來說：「是誰踩了我的頭？明日清晨太陽一出來，我一定要將這個人的頭顱破為七份！」

那賴聽後便回答說：「我是不小心才踩到你的頭，你又何必如此生氣，發下如此的毒誓呢？就連瓦器這種不會自行移動的物品，也難免會有相互碰觸的時候，何況是人與人相處，又怎麼可能從來不出差錯或疏忽呢？你一向說話信實，言出必行，明天一旦日出，我的頭就一定會被你破成七份！既然如此，我只好讓太陽不再像往常一樣升起。」

第二天，太陽真的不再東升，大地一片漆黑。

太陽已經五天沒升起了，全國都深陷在黑暗之中，必須得使用火把或燭光來照明；大臣及地方官吏都無法治理政事，君民皆恐懼不安。於是，百官除了開會商討如何應對，還請教道士，希望能找到徹底解決的方案。

國王於是詢問大家：「太陽不再升起，災殃究竟起於何處？」修得五神通的道士便回答：「山中有兩位修道人，彼此起了紛爭，其中一位便控制太陽，不再讓它升起。」國王又問：「這兩個修道人為什麼會發生糾紛呢？」道士便將事情的來龍去脈向國王報告。國王聽了以後，便問那道士：「既然如此，現在要怎麼解決這問題？」道士回答：「請大王率領文武百官及百姓，迅速進入山中，向這兩位菩薩頂禮，並祈求他兩人能和解，他倆一定會慈悲地接受國王的請求。」

國王聽後，隨即下詔給文武百官及百姓，率領大家進入山中，向兩位菩薩所住的山澤壁室前頂禮。國王說：「國家豐裕，百姓安和，皆是兩位菩薩的潤澤。今兩位菩薩不和，天下便因此而失掉本來時序。祈求兩位菩薩能快快和解，百姓才能回歸到正常的生活。」

那賴說：「大王已經知道事情的緣由，如果題耆羅肯解除誓言，我就使太陽像往常一樣升起。」國王便去向題耆羅菩薩說明那賴的意思；題耆羅菩薩答應國王，願意解除誓言。國王和百姓聽了都非常歡喜。

兩位菩薩便藉此因緣，向國王建議治國之道：應當要以「慈、悲、喜、捨」四無量心，悲憫一切眾生，並持守五戒、修十善行。國王接受了兩位菩薩的提議，返回王宮後便立即下詔：「全國人民，無論尊卑，都必須得持守五戒，修十善行。」

之後，國王及臣民都虔誠地受戒修善。國王也一改過往態度，以慈心潤澤遍及一切，大臣們也都跟著轉變，人人皆忠誠清廉、謙和無諍。父輩都以五戒、十善做為處事法則，母輩亦賢淑端良，家庭成員皆各主其事，遵守道德規範，人人誠實正直，恪守信義，子女也皆能孝順父母。

兩位菩薩為何要煞費苦心地幻演這場戲呢？佛陀說：

兩菩薩覩其國主不知三尊，臣民憒憒邪見自蔽，猶冥中閉目行。愍其徒死不覩佛經，故為斯變，欲其覩明也。

佛陀說明，這兩位菩薩因為觀察到國王不知佛、法、僧三寶，臣民也皆昏昧愚癡，被邪知邪見蒙蔽了自心，就好比是在黑暗中閉著眼睛行走一樣。菩薩悲憫一生不曾聽聞佛法的君臣百姓，所以就幻演了這場戲，希望能藉此因緣，開啟臣民本具的智慧光明。

佛陀最後又告訴比丘們：「那賴，就是我的前世；題耆羅，是彌勒菩薩的前世。菩薩應當要以正心、專意、合會眾善，方能廣度無量眾生。」

《六祖壇經》云：

明與無明，凡夫見二，智者了達其性無二。無二之性，即是實性。實性者，處凡愚而不滅，在賢聖而不增；住煩惱而不亂，居禪定而不寂；不斷不常，不來不去，不在中間及其內外；不生不滅，性相如如，常住不遷，名之曰道。

智者不僅了達「明」與「無明」其性無二，也看見凡夫執迷幻象，陷入極悲極苦，既迷失方向，又種下生生世世的無盡輪迴。兩位菩薩並非自了漢，自度後還想遍度眾生；如此慈悲，是人人應當學習、效法的典範。

智慧——明度無極章第六

般若（prajñā），意為「智慧」，或可理解為「超越的智慧」；修習八正道、諸波羅蜜等，就是為了要顯現般若真智慧。欲證般若波羅蜜，必須有大悲心，故《大智度論・卷二十七》云：

有得悲心而作是念：若諸法皆空，則無眾生，誰可度者？是時悲心便弱；或時以眾生可愍，於諸法空觀弱。若得方便力，於此二法等無偏黨，大悲心不妨諸法實相，得諸法實相不妨大悲生。

何謂「諸法實相」？龍樹菩薩於《中論・因緣品》中云：「因緣所生法，我說即是空。」諸法皆是緣起、緣滅，無一永恆自性。

智慧之要義

在《六度集經・卷八》的〈明度無極章〉，講的就是修智慧。《星雲大師全集》中認為，因為六度相攝，於本卷中的九個故事，便是菩薩善巧地運用前五度，「明示菩薩行者累載憂念眾生，以四等弘慈，明施六度無極以拯濟群倫」，般若智慧就在其中透顯出來。

智慧本生故事

在《六度集經・明度無極章》的第八十七則故事裡，描寫了一個「摩調王經本生」的故事。摩調王就是佛陀的前生，因為大慈大悲，使他願意從天上返回至人世間，頒布最明確的法令，以教化百姓並普度眾生。

一、摩調王經（南王本生）

有一次，世尊在無夷國，坐在一棵樹下，其面色閃閃發光，比紫金還要亮；只見世尊欣然而笑，口發五色光。當時見到的人，全都歡欣踴躍，齊聲讚歎：「真是天中之天啊！」

阿難於是整理好衣服，稽首而說：「世尊之所以笑，一定是為了要濟度眾生的蒙昧無知吧？」

佛陀說：「的確如你所說，我不會平白無故地笑，就是要說法啊！然而，你是否想知曉我為何而笑呢？」阿難答道說：「我對學習神聖佛典的渴望，永遠不會滿足的。」阿難是在向佛陀表達，他非常想要知道，也希望佛陀能教導他。

佛陀於是說起摩調王的故事——

從前有位聖明的國王，名字叫做摩調，他是轉輪聖王，統御著四方天下。摩調王的內心非常正直，行為公平，百姓對他完全沒有怨恨。摩調王具有大慈大悲之心，很樂意護佑眾生，他的心念就像「帝釋天」一樣仁慈。

當時的人民，壽命有八萬歲。摩調王擁有七樣寶貝，即：紫金轉輪、飛行白象、紺色神馬、明月神珠、玉女聖妻、主寶聖臣、典兵聖臣。國王還有一千個王子，個個都是容貌端正、心仁性靜，不僅能洞曉往古，還能預知未來，所有百姓沒有不敬慕他們的。

摩調王想要去遊覽東西南北四方，剛一有此念頭，紫金轉輪就立即顯現在前，隨著國王的心意，國王想要去那兒，紫金轉輪就能把國王帶到那兒。七個寶貝都是如此，能在國王面前飛行，並為國王導路。此外，天龍等善神也前來擔任守衛，向轉輪聖王播撒各種名貴鮮花，以祝福聖王萬壽無疆。

摩調王又命令近臣中負責主管梳洗的人說：你如果看到我頭上生出白髮，就要告訴我；因為，頭髮變白，就意味著我離死亡已經不遠，我就要放下這濁世流俗的勞役，邁向清淨淡泊之道了。

近臣自當遵從命令。當負責梳洗的近臣看見摩調王的頭髮變白時，就立刻告訴國王。國王聽後非常高興，就把太子給召來，叮囑他：「我已經開始長白髮了，頭髮發白是邁向往生的確證，因此我不應再繼續留連這無益的穢世。我要立你為王，主管天下四方，所有眾臣百姓的生命都掌握在你手中，你一定要憐憫和同情他們，要像我這樣治理天下，以免將來墮入惡道。我要成為沙門了，現在要為你立教；從今天起，你的第一要務，就是要尊奉四等（四無量心）、五戒和十善。

摩調王明確地向太子交代完畢後，就離開國土了，走到廬地的樹下，剃除鬚髮，穿上袈裟，成為一名沙門。群臣百姓全都既哀痛、又敬慕，不禁痛哭哽咽。

摩調法王的子孫，相傳有一千零八十世。之後聖王的正法轉向微末時，摩調聖王捨棄生天的福報，神識又降生人世，隨末世的王出生，仍舊是個有飛行神通的國王，其名號為「南」。

之後正法更迭，重新獲得復興。國王還明確下令：宮中的皇后、貴人，在每月的六齋日，一定要奉行受持八戒。

所謂「八戒」是指：第一、當要慈悲地同情和愛護眾生。第二、當要謹慎不偷，若有錢財須周濟窮人。第三、當堅守貞節，清淨守真。第四、當堅守信用，所言必須得全是佛教。第五、當要盡孝，口絕不沾酒。第六、絕不睡在或坐在高廣華麗的主位座椅。第七、過午不食，不吃晚餐。其八、凡香花脂粉等，千萬不能近身，也絕不聽淫穢的歌曲及邪惡的音樂，也不裝飾、不打扮；內心不去想這些事，嘴上不說，自身也絕對不做。

此外，摩調法王又命令所有賢明的大臣：向上要引導有才有智者，向下也要引導黎民百姓，令人人皆平等，不分尊卑。要讓大家都奉行六齋，熟讀八戒，並身體力行，每天諷誦經文三次。要孝順父母，敬奉長者，悉心尊敬愛戴。對鰥寡幼弱乞兒都要給予救助，患疾病者也要施以醫藥；缺衣少食者都要給以救濟，生活貧困的人，可讓他們到國王面前乞求所缺乏的一切。若有不願順從教化的人，則可施以較重的徭役，並將這一家人全都置於五家賢者之中，讓五家人的家教共同教化這一家；優先隨順教化的，都要給予獎賞。要用賢明的大臣來輔佐，絕不可讓貴族去欺壓人。

自從南王的明確法令被施行後，所有百姓都能彼此以慈祥和藹相待，凶性、殺心全都斷滅。即使是應得之物，也總是會相互推讓，夜裡可不必關門上鎖；人人皆貞潔清淨，不是自己的妻子，絕不隨便行欲。說一不二，出門則教化仁慈悲憫，總是以誠實的眼光來看待一切。言談樸實，絕不浮華綺麗；見到別人行好事，會替他高興，並為他慶祝。大道行化於世間，凶毒全都被消滅無餘；人人崇信三寶，不再有任何疑難。南王的慈德潤澤遍及天下，八方上下無不讚歎南王之德行。

天帝和四大天王、日月星辰、龍王地神，有一天全都聚在一塊兒議論道：「世間的人王啊，其四等之心及慈悲恩惠，竟然已超過諸位天神。」帝釋天便問諸天說：「你們是不是也很想去見南王呢？」諸天都回答：「這可是我們多年的願望啊！正是如您所說的那樣。」於是，帝釋天只用了伸一下胳膊的時間，就來到了南王的慈惠殿上。一見到南王，帝釋天便對南王說：「聖王的仁德弘盛，諸天日夜都渴望能與您相見，聖王難道不想見識忉利天？何不一同至天上，便沒有什麼不能實現的願望啊！」南王回答說：「好的，我正想去遊歷和觀光呢！」

帝釋天返回後，便命令名叫摩婁的御者，說：「用我所乘坐的千馬寶車，去迎接南王來。」御者遵從命令，駕著帝釋天的寶車去迎接南王。

車馬停到南王的宮殿下，群臣和百姓沒有不吃驚的；這樣的瑞相，從前都不曾見過，實在太美好了！於是人人相互傳頌，普天之下一片歡騰：「我們的大王慈心普弘，恩澤潤及所有眾生，每月的六齋日都屢行八戒，不僅親身精進修行，還以此來教化百姓。其德行多麼深厚啊，所以才能得到帝釋天的敬慕，而來此迎接我們的國王上天。」

南王坐上千馬寶車後，車馬全都一同飛升上天，還在空中慢慢盤旋，讓百姓都能看得清清楚楚。國王對御者說：「請帶我去看看惡人的二道地獄，和餓鬼被燒煮拷打、遭受他們宿罪報應的地方。」御者就遵從南王的命令，待南王參觀完後，才再飛上天去。

帝釋天非常高興地走下王座出來迎接南王，並說道：「上上下下有勞您操心費神，憐愍濟度眾生，弘揚四等、六度菩薩大業，諸天是多麼盼望能與您相見啊！」

說完，帝釋天上前挽起了南王的手臂，兩人一同就座。南王的容顏跟身體，竟變得更香、更潔，其容貌端正、閃閃發光，與帝釋天沒什麼兩樣。

然後，天上奏起了悅耳的音樂，聲音極其洪亮，空中還散發各種名貴香花，非世間所能見。帝釋天接著說道：「您千萬不要留戀和愛慕世間的故居啊！天上的這種種的歡樂，本來全都是聖王您所擁有的！」

然而，南王的心志卻堅定地要留在人世間，他要去教化那些尚未悟道的眾生，並去滅絕所有邪惡，使他們都能知道佛、法、僧三尊。

於是，南王回答帝釋天說：「就像是向人借東西那樣，終究還是得將物品歸還給原主，這天座還不是我應當坐的地方。我想返回人世間一段時間，去教育我的子孫們，要他們用佛的明法正心來治理國家，並使他們能代代奉行孝道，嚴守戒律、德行高尚，然後我就會放棄人身、回到天上，再與帝釋天同樂。」

佛陀告訴阿難說：「那個南王就是我，子孫相傳了一千零八十四代，立子為王後，便去作沙門修行了。」阿難聽了非常高興，稽首說：「世尊慈愍眾生，恩德潤澤，功德永垂不朽，現在果然成佛，還成為三界中之最尊者，眾天神仙聖沒有不崇敬的。」眾比丘也高興地施禮後再行告退。

佛陀雖再下至人間為南王，但他實已達到天人師的境界。雖說佛陀相當受到帝釋天景仰，並被天帝釋以千馬寶車迎至天上，但佛陀從頭到尾都無我相、無人相、無眾生相，亦無壽者相，他始終都即境離境、如如不動，故而能行菩薩道。對南王而言，雖行菩薩道，卻無落入行菩薩道的相，此與《道德經．第七章》的主張非常類似：

天長地久，天地所以能長且久者，以其不自生，故能長生。是以聖人後其身而身先，外其身而身存，非以其無私邪，故能成其私。

老子強調，天地間最長長久久者，莫過於天、地；天、地為什麼能長久呢？因為天、地從來沒有一絲私心，做任何事都不是為自己打算。天生、地長，是天和地的最重要功能，是讓所有萬物都能得到滋養和生存的關鍵；正因其合於道，能無私地創造和生育萬物，所以才能長長久久。

聖人若要治理好天下，就當以「道」為尊。問題是，摸不著、看不到、聽不見也嗅不到的「道」，聖人又要如何遵循呢？老子告訴我們，只要效法天、地。

天、地只將促進萬物生長做為存在的最重要目標，從來不為自己謀算，也從沒想過要彰顯自己的地位和價值。按照世俗的觀點，這是最愚昧的；因為，世俗之人總認為：若不為自己爭取，豈不是什麼都沒了嗎？

老子卻告訴我們，愈是悲憫天下蒼生的，其德性便將愈與天地相契；德性愈與天地相契的，天下蒼生便愈不能失去他們。於是，他們即便不為自己爭取，出乎意料地，卻能獲得所需要的資糧；天地間的萬物，也同樣愈忘不了他們。這是「以道為尊」者，必能得著非人為因素所能得到的最大回饋，這便是「後其身而身先，外其身而身存」。

老子最後再告訴我們，為什麼會有這樣的結果呢？因為，「以道為尊」之人，必「非以其無私邪，故能成其私」。這句話的意思就是：正因為他們沒有為己圖謀的私心，所以才會形成對自己的最大造就。這個觀點，在孔子身上便可完全得著印證。

孔子見天下已君不君、臣不臣、父不父、子不子，五倫關係的完全亂套，就是因為上位者率先幹盡壞事，在他統治下的臣、民才會有樣學樣，也跟著為非作歹。為了拯救天下蒼生，三十四歲的孔子，在他的私塾辦得正起色、已得在魯國掌管政權的三大家族之一的孟孫氏認可時，孔子非但未驕矜自滿，還看到自己必須為救天下於水火而更積極地學習。於是，孔子便向魯昭公提出，希望能到洛陽向老子學習。

經過半年的學習，孔子又回到了曲阜；此時，他應該已將老子所倡導的「道」，與自己的施政和學術主張給完全融合。孔子更加體會到「士志於道，而恥惡衣惡食者，未足與議也。」（《論語．里仁》）也就是說，一個知識分子，若所追求的目標不是與「道」相融，而是以粗衣粗食為恥，這種人便不必與他論學或交談了。

為什麼呢？因為，這個人心中所關注的只是外在欲樂、榮華富貴，於的一切作為，便會朝著為滿足感官的需求而努力；這樣的人，必自私自利，做任何事都只在打自己的小算盤。殊不知，世間最大的福祉，絕不是靠自己去爭奪；反而是，愈想成就天下蒼生，愈朝這個目標去努力，所得著的意想不到之福，反而是多得難以估量。

孔子周遊列國十四年，不僅完全沒得著任何國君認可他的仁政主張，還「再逐於魯，削迹於衛，伐樹於宋，窮於商、周，圍於陳、蔡，殺夫子者無罪，藉夫子者無禁。」（《莊子．讓王》）。孔子像是個倒楣至極的人，走到那兒，不是遭人驅趕，就是被團團圍困，門生餓的餓、倒的倒。到了宋國，還差點被殺害，導致孔門師生，不得不分散逃命，才遭到「如喪家之犬」（《史記·孔子世家》）的譏諷。

好不容易，在孔子七十歲時，執掌魯國政權的最大勢力季康子，終於同意魯哀公可迎回孔子，成為國老，好讓魯哀公向孔子諮詢國策。然而，這只是政治上的擺設，魯哀公根本沒把孔子當回事；魯國的貴族們，在朝堂上對孔子也只是一味地嘲笑和譏諷。

孔子對這般的政治常態，再也不抱任何期待，反倒是極有智慧地回應：「不怨天，不尤人，下學而上達，知我者其天乎！」（《論語·憲問》）孔子完全沒被環境的長期不順擊垮，反而是更專一地將「與道合一」的天、人合德精髓——六經（《詩經》、《尚書》、《儀禮》、《樂經》、《周易》、《春秋》）整理出來。

孔子去世前，他的兒子孔鯉早已離世，只留下了一個遺腹子孔伋（字子思）。從世人的眼光來看，孔子的晚年以及他的家庭，簡直淒涼至極。不過，從漢以後，孔子就被尊為「素王」；到了北宋，他的子孫甚至還被封為可代代世襲的「衍聖公」，此封爵持續沿襲至清朝。民國二十四年，國民政府方改「衍聖公」為「大成至聖先師奉祀官」。

孔子一生有教無類，孔門弟子甚至高達三千，被尊為「至聖先師」、「萬世師表」；在魯國從政時，甚至還官至大司寇（最高的司法官）、攝行相事（兼任代理相國）。即便如此，他的能力與威望，不但得不到魯國君、臣上下的認可，就連隨他周遊列國的門生也同樣看不懂他。

然而，孔子最了不起的是，他非但沒將這些外在橫逆當回事，也從未想為自己謀取什麼，只是平淡地說：「飯疏食，飲水，曲肱而枕之，樂亦在其中矣；不義而富且貴，於我如浮雲。」（《論語．述而》）縱然只能粗茶淡飯，生活需求降到最低，孔子的心靈卻始終是喜樂洋溢，絕不會被榮華富貴所吸引；因為，除了「志於道」，其他對孔子而言，都只是如同變幻不實的浮雲一般，又何需追求？

孔子從不去追求富貴，卻贏得了古今中外對他的極高推崇和景仰；他也從不汲汲名利，子孫卻世世代代都能享有能沿襲的尊爵。這豈不正是老子所說的：「後其身而身先，外其身而身存。」

孔子擁有一般人難以獲得的殊榮，並非有心經營而來。孔子不過是顧念天下蒼生的福祉，才使他的仁政及學術主張被無國界、無時空局限地廣泛傳揚。這正是老子所主張的：「非以其無私邪，故能成其私。」

只有「無我」，才能更成就一切可造就天下的最大福祉。這番成就，正是孔子從「十五志於學」時便已立下的宏願。而這個足以「與天地參」的偉大宏願，無論外在環境如何逼迫和侵擾，仍無法阻止「與道相合」的最大美好，可在歷史舞臺上被最充分地落實。

與佛陀以及孔子相反，提婆達多無論處於多高的地位，因為心中從未有「與道相合」的志向與念頭，使他在成為龜王的那一世，見他的龜群子民遭象群踐踏之災時，才會不虛心懺悔。也正是因他從不虛心懺悔，使他無法看到，正是因自己的無明，才會不聽從佛陀勸說，而導致了他的龜民無辜地遭遇無法挽救的重大災難。

世間不知有多少災難是因無明而起。若沒有接受正知、正見，一切災難就只是白白領受；非但無法讓自己成長，還會種下更多無以評估的業障。

提婆達多因其無可救藥的「貪」欲，而生起了極大的「瞋」念；再因他始終不願止息的「瞋」念，而引發他生生世世愚「癡」、盲目地與佛陀為敵。

提婆達多龜王的自私，不僅使他的國度被無妄之災削弱，也使得他根本無任何心思以去為他的子民謀福；這也註定了，他得生生世世，只能以最悲慘的衰敗，來做為他人生的最終結局。

慈悲的佛陀，本來是早已在天上享受著天神的福祉，但他實在是因不忍眾生受苦，便自願再下到凡塵教化他的子孫，並度化更多眾生。此願不僅令佛陀得以成就，還可跨越國界、超越時空，讓普天之下的每一個人都能因此享有清淨、平等、覺。這些美好的教導，在因種姓制度而造成極大不平等懸殊待遇的印度，可以說是最大的救贖，也是最美好的因緣。

二、**阿離念彌經（阿離念彌長者本生）**

在《六度集經．明度無極章》的第八十八則故事裡，描寫了一個「阿離念彌長者本生」的故事。

有一次，佛陀在舍衛國的優梨聚中。當時的諸位比丘在用完午飯後，全都坐在講堂內，共同議論著：生命是極其短暫的，人身根本安穩不了多少天，就將命終死去。天人、畜生等各種有情之物，沒有一個不會死。愚昧無知之人，只知吝嗇貪婪，既不行布施，不讀佛經，也不奉行佛道，認為行善得不到什麼好處，行惡也不會有什麼嚴重的後果，所以才會任性縱欲、毫不節制，甚至無惡不作，違背佛教。之後再來後悔，又有何用呢？

佛陀以其天耳通，遠遠地聽見了眾比丘們對「無常」這個十分重要問題的議論。於是，世尊便立即起座，來到眾比丘所在之處，就座後問他們：「剛才你們是在議論什麼呢？」

眾比丘長跪地回答說：「剛才飯後，我們一同議論，人的生命是極其短暫，似乎在恍惚之間，就隨即離世。」

世尊聽後便讚歎地說：「你們說的真是太好了、太大快人心了！當你們棄家學道之時，就當立志清淨無染，一心念善。成為比丘後，就應當只顧念兩件事：一是當講說佛經，二是該修習禪定。你們現在想不想聽經呢？」眾比丘都回答道：「當然想！很高興能聽聞佛陀講經。」

世尊於是說，從前有個國王，名字叫做「拘獵」；他的國內有棵樹，樹的名字叫做「須波洹」。這棵樹的粗壯，就達五百六十里；它的根向周圍延展，能長達八百四十里；它的高度也有四千里，樹枝向外四周散布也長達二千里。

此樹共有五面：第一面的果子，是供國王及宮人享用；第二面的果子，是供百官享用；第三面的果子，是供給眾百姓食用；第四面的果子，是供沙門道人食用；至於第五面的果子，則是供鳥、獸食用。

這棵須波洹樹所結的果子，像是可以盛二斗食物的瓶子那麼大，味道甜美如蜜。這棵樹雖完全無人看守，卻也無人敢去侵犯它。人的壽命當時都長達八萬四千歲，卻生來有九種弱點（病），即：寒、熱、飢、渴、大小便、愛欲、多食、年老、體弱。正是因人人都有這九種弱點，所以女人得等到五百歲才能夠出嫁。

當時有位非常富有的長者，他的名字叫做「阿離念彌」，擁有家財萬貫。但阿離念彌總是思索著：人的壽命實在是太短暫了，沒有一個人可以永遠活著。縱使能擁有再多財寶，也不可能全都為自己所享用，反而易招來說不清的災難；不如廣行布施，還能救濟到窮人。世俗的榮華富貴，雖能讓人快樂，卻不可能長存不變。因此，還不如丟開家庭，拋棄一切濁穢，堅守著清淨，身披袈裟成為一名沙門。

於是，阿離念彌就去拜詣眾位佛門弟子，以受沙門戒。眾人見阿離念彌已成為沙門，有好幾千人都跑來聽他的教化，也都覺得世事無常，有盛就會有衰，沒有一個人以永遠活著，世間只有佛道最為可貴。於是，這些來聽他講道的，全都出家做了沙門，以追隨阿離念彌的教化。

阿離念彌為眾弟子說經：「人的生命極其短暫，且恍惚無常，應當拋棄此身，以修後世。有生就會有死，怎可能永存？所以當斷除掉吝嗇貪婪之心，並且布施窮人。要收斂和約束情欲，才能不犯下種種罪惡。

「人處在這世上，時間總是過得非常快，人的生命就如同草上的朝露，一下子就蒸發了；人的生命既是如此，又怎麼可能久長呢？人的生命也如同從天上降下的雨水，落下時起了點水泡，隨即又沒了；生命流逝的速度，甚至比這隨消失的水泡更快。人的性命又如同雷電一樣，在恍惚剎那間就會消失不見；而生命之流逝，甚至還又比雷電還快。人的生命也如用木杖去打水，木杖才一拿開，水面上的波紋便立刻合攏；生命的流逝，甚至還比波紋合攏得更快。人的生命，也好像是把一個鍋子放在旺火上燒，鍋裡放了少量的油，鍋裡的油一下子就會燒乾而成焦；我們生命的流逝，其速度甚至還鍋裡的油流逝得更快。

「人的生命，也好比織布機上的經線（直線），只稍稍一織，線就被用光了；我們的生命，不也正是這般日損夜耗、憂愁眾多、苦難深重，又怎麼可能會久長呢？人的生命，也如同牽一頭牛去屠宰場，牛每邁出一步，就離死亡更近一步；人活在這世上，就像是牛所邁出的每一步，生命之流逝甚至比這還快！人的生命，也如同流水從高山上湍急而下，晝夜不斷，無一刻休止；生命之流逝，甚至比湍急而下的水流更快，日日夜夜都在朝著死亡快速前進，無一刻休止。

「人活在世上，實在非常辛勞、痛苦，有太多憂情悲慮。正因如此，人的生命得來不易，應當奉行正道，遵守經戒，切勿違經叛道，還要布施窮人。人活在這世上，斷沒有人可以不死啊！」

阿離念彌就是如此教化他的弟子。

阿離念彌又說：「我已拋棄了貪欲、瞋恚、愚癡、歌舞伎樂、睡眠、邪僻之心，取而代之的是清淨心。我已遠離了愛欲，捨棄了種種惡行，內心洗除了塵垢，斷滅了來自外部的種種雜念，見到以往喜好的東西已不生歡喜，碰上壞的行為也不生煩憂，痛苦與歡樂對我而言並沒有兩樣；只要行為清淨，一心不動，就能獲得第四禪。

「我用慈心來教化人和萬物，讓他們知曉善道，生命終究能生天上。我可憐、同情他們，生怕他們最終會墮入惡道。我能觀見四禪及種種空定，沒有什麼是我觀照不到的，心中非常歡喜。將我所見到的教化所有眾生，使他們能見到深奧的佛法；若有其他證得禪定佛事的人，也會為他們而高興。養育、保護眾生，要如同護佑自己身體一樣地看重。能做到以上這四件事，我們的心便能無偏無邪。

「眼睛所見的萬物，耳朵所聽到的嘆氣聲、謾罵聲，以及花草之香、汙穢之臭、甜酸苦辣、細滑麤惡，無論是稱心如意，或違背心願，見到好的不會洋洋得意，碰上壞的也不會埋怨憤恨；能堅守此六行，就可以到達無上正真之道。因此，你們也應當堅守這六行，便可證得阿羅漢道果。」

阿離念彌是三界眾聖的尊師，智慧深妙廣博，無所不知，無所不曉。他的眾弟子們，雖不能馬上證得羅漢道果，但他們生命一旦到了終點，也都能生天。心性靜寂、立志寂寞、崇尚禪定的人，都會生梵天；其次的，會生化應聲天；再其次的，生不憍樂天；其次的生兜術天，次之生炎天，次之生忉利天，次之生第一天上；更次之的，則生人世間的王侯之家。

道行高的，所得果報自然也高；道行低者，所得果報自然也就不好。貧富貴賤、長壽或短命，全是自己累世所造之宿命。奉行念彌之戒，就不會白白痛苦。眾沙門全力奉行精進，便可脫去生、老、病、死煩惱之苦，證得阿羅漢滅度的大道。不能全數奉行的，可獲不還（阿那含）、頻來（斯陀含）、溝港（須陀洹）之道果。

有智慧的人一定會深思：人生無常，恍惚間還未察覺，就已經是百歲了；有的人是的確能活到百歲，但也有些人則根本不可能。一百年中，總共要有三百個時節，春、夏、冬各有一百。一百年共有一千二百個月，春、夏、冬三個季節各有四百個月。一百年共三萬六千天，春季一萬二千天，夏季、冬季各有一萬二千天。

一百歲之中，一日吃兩頓飯，共可吃七萬二千頓。春、夏、冬三季各是二萬四千頓。還要再算上嬰兒乳哺、不能吃食的時候。即便如此，恐怕還有一些時間是根本吃不了飯的時候。有時是因為生病，有時是生氣，有時是在坐禪，有時是在行齋，甚至還可能是處於極貧困，根本沒任何東西可吃。這些也全都是算在七萬二千頓飯之中。

一百年中，晚上睡覺的時間就占了五十年。剩下的五十年，有十年是嬰兒時期，有十年是臥病時期；還有二十年，是得為了家事及其他雜事而操勞、煩心。所以，人在一百年中，真正能有一點點歡樂的時間，也不過就只有十年左右。

佛陀告訴眾比丘說：「我已講了人的壽命，說了年、月、日，吃飯的頓數，壽命的長短。我該為眾比丘說的都已經說了，我立志所求的也已經證得了。你們凡立志所求的，都應當下定決心完成。應當在高山、大川，或在宗廟祠堂講經說道，絕不能懈怠。有決心的人是絕對不會後悔的。」

佛陀說完此經後，眾比丘無不歡喜，向佛陀行完禮後才一一離去。

生命是可貴的，但也是短暫的。《莊子．知北遊》說：「人生天地之間，若白駒之過郤（隙），忽然而已。」按佛經說法，二十念為一瞬，二十瞬為一彈指。年紀還小的時候，會覺得日子過得很慢；因為，孩子所期待的就只有放假，連著五天上學，便會感到度日如年。

待年紀稍長，要學的東西永遠學不完，要做的事情也多得做不完時，才會感到時間流逝得真快。活在這世上，無論是否事業有成，無論是否健康順遂，到了一定年齡，任憑是誰，都會覺得時間是用飛的，轉眼間便齒搖髮白。衰老的容顏和漸弱的身軀，都會告訴我們，人生不僅短暫，還更是如夢幻泡影，外在的一切沒有什麼是能抓得住的。愈想抓住什麼，就愈容易從指縫中流掉什麼；我們若想真正緊握拳頭，就會發現，只有手中了無一物，才能真的掌握住自己。

既然如此，我們應當掌握的，絕不是外界變幻不居的現象，而是要真正地回歸清淨的真如本性；畢竟，萬般帶不走，唯有業隨身。若著相於外境，便容易在知上立知，而起無明本，陷入貪、瞋、癡、慢、疑，生起了妄想、分別、執著，而造就了輪迴因，被八萬四千煩惱所牽動，便造下了無量無邊的輪迴業。最後將自作自受，所苦的還是自己。

其實，念起並不可怕，只怕的是「覺遲」。所謂一念覺是佛，一念迷是眾生；若能念念覺起，就能觀照自心自性，才能生起般若智慧，不讓意識心隨境所轉，方能於理上無礙，事事無礙。如此，見一切相，便不過是歷事練心而已，就可離迷去幻、離妄返真，才會真見到自己的本來面目。

時空本來就是幻相，瞬間即逝；若要生起覺性，離迷悖妄，就得不斷地真懺悔；而真懺悔，就在於永不再犯。顏淵的「不遷怒、不貳過」（《論語・雍也》），就是我們可以效法的極佳典範。

孔子曾言：「朝聞道，夕死可矣。」（《論語・里仁》）這句話深切說明了「道」是何等可貴；此外，「道」也是人生最當學習的。若不如此，我們的所做所為，便都會是離經叛道；若離經叛道，就一定會讓自己陷入「出生入死」（《道德經・第五十章》）的地步——活的時候沒法好好活，要死也會不得好死，這豈不是最冤枉、也最傷害自己的愚癡嗎？

與儒、道思想的共鳴

在這一章節裡，筆者之所以引用儒家和道家思想來進行說明，就是為了讓讀者們意識到，康僧會何以特別要編譯《六度集經》的原因。因為，《六度集經》的思想，與傳統的儒家和道家思想，最能心心相印，也最能引發知識分子的共鳴並進而接受。

知識分子在研讀這些故事時，會自然而然地與所學的傳統思想形成相互印證，如此方能於無形中將佛法當成自身的文化和思想。康僧會雖是個「外國人」，卻生在中國、也長在中國，所受的教育更是傳統的中華文化思維；

他對中華文化的熟稔，也不是一般人所比得上的。正因如此，康僧會很清楚，與其費盡唇舌去勸說知識分子，還不如讓他們自己心神領會，自己甘心樂意地學習和接受，才是弘揚佛法的最便捷和最有效率之道。

由此可知，康僧會弘揚佛法的方式，除了採用格義佛教，將佛教中國化之外，另一種形式則是「潤物細無聲」，讓佛法與儒家、道家思想的相融性，透過他所選譯的佛經，讓漢地的知識分子能產生自發性的聯想；這是傳揚佛法最為便捷、也最易讓佛法生根和發展的最佳辦法。

康僧會為傳播佛法所耗費的心血，早已被歷代的知識分子所認可了。因此，敦煌莫高窟第三二三石窟中，才會畫上了《康僧會建業布教圖》。這幅圖不僅見證了康僧會在中國佛教史上的歷史定位，也說明了，佛教最能深入中華大地人心，康僧會為弘法所做出的努力，絕對是功不可沒。

貳・康僧會在中國佛教史上的地位與影響

會自往視，果獲舍利；明旦呈權，舉朝集觀。……權大嗟服，即為建塔；以始有佛寺，故曰建初寺，因名其地為佛陀里。由是江左大法遂興。

諸多《中國佛教史》著作雖然都會談到康僧會在佛法傳播上的貢獻與價值；但無論這些文獻著墨多少，敦煌莫高窟第三二三石窟繪製的《康僧會建業布教圖》，更能代表對於康僧會將佛法傳入漢地的重視。

敦煌莫高窟《康僧會建業布教圖》

康僧會建業布教圖

夢幻又浪漫的鳴沙山月牙泉，使坐落於河西走廊的敦煌莫高窟增添了神祕的詩意，也為莫高窟營造出夢幻的藝術氛圍。敦煌莫高窟既是古代文明的藝術寶庫，也是在古代絲綢之路上，不同文明相互交流、對話和碰撞，激發出更多璀璨文明的重要歷史象徵。

敦煌莫高窟第三二三窟的北壁壁畫，是在初唐時期所繪製的。壁畫的上方接近三分之一處，由西向東一共畫了五幅故事，分別是「漢武獲得匈奴祭天金人與張騫出使西域」、「佛陀浣衣池和晒衣石聖蹟」、「佛圖澄神異三事蹟」、「阿育王拜外道尼乾子塔」，以及「康僧會建業布教」；在其下半部畫的，則是菩薩七身。

上半部這五幅畫，鮮明地呈現了從佛教的興起、到佛教在向外傳播過程中所呈現的幾個關鍵性歷史樞紐點。佛陀是佛教的創始者，阿育王則是令佛教得以向國外傳遍的第一人。至於張騫的出使西域，則令佛教得以被帶回中國。

佛圖澄則是一位身道教服飾、又能行神通的天竺高僧，令暴虐君主信服，讓佛教逐漸被統治階級所接受。

至於康僧會的建業布教，不僅令佛教得以在南方的建業廣傳，同時也是大、小乘佛法於漢地得以融通的關鍵性起點。

《康僧會建業布教圖》呈長方形，畫面質樸，人物造形也非常生動，色彩不僅簡潔，還透著古法的氣韻。《康僧會建業布教圖》將康僧會，究竟是如何來到建業傳法的路徑、方式和過程，全都給畫下來了。其整體內容，主要分成了兩大部分：

一、乘船北上至建業傳法（左上方）

《康僧會建業布教圖》的最左上角部分，是畫康僧會坐上鼓著船帆的小舟，順流而下來到江南東吳。在船的上方畫了些山和雲層，顯示康僧會一路北上，必須經過千山萬水，歷經千辛萬苦，才能到達東吳。

這部分的繪畫完全符合史實。今天我們看這幅畫，恐怕不會產生太多共鳴；但在唐代，繪畫此圖的僧人，絕對相當感動和震撼。因為，別說是三國時期，即便在十九世紀，交通還沒有當代這樣便捷，要從海南一路走到南京，是否能夠存活都還是個未知數呢！若沒有發下極大的宏願，沒有極超越常人的悲憫之心，誰會願意走上這段如同歷經九死一生的艱辛路途呢？

前文提過，當年士燮為他取名為「會」，就是要他能融會貫通儒、釋、道三家之學的遠大目標。康僧會學成後，便決定北上，做一個真正的勇者和智者，達成最艱鉅的任務——至東吳首都建業（今南京），去向令海南陷於困境的孫權以及王公貴冑傳播佛法。

要北上至建業，得從交趾走水路北上，以進入至廣西的合浦郡。進入合浦郡後，順著南流江北上，會抵達瘴氣最重、令人「十去九不返」的鬼門關。翻越過鬼門關後，就可搭船順著北流江向北走，以銜接漓江。漓江再往北走以連接靈渠，才能再朝著湘江和洞庭湖走，以接連長江。走到長江後，就可一路走水路，往東以抵達當時最為繁華的建業。

如此我們便能明白，康僧會要從交趾北上至建業傳法，是何等千辛萬苦，也是何等艱鉅！若非傳法心切，誰能禁得起這旅程中波濤洶湧、命運難料的諸多水路呢？

畫面的下方，則是孫皓正雙手合十地跪拜康僧會。孫權死後，凶殘的孫皓即位，不僅不信佛法，還蓄意想毀壞佛寺；康僧會才會運用格義佛教的方式，向孫皓傳授因果報應之理。正因因果報應也是儒家思想中的一部分，康僧會才能以因果報應來說解，讓桀驁不馴的孫皓也謙卑地折服。

二、向孫權傳法並求得舍利子（中間）

壁畫的中間，畫的是康僧會到達建業後向孫權傳法的故事。

孫權便向康僧會詢問：佛教為何？佛教究竟有何靈驗？康僧會的答覆其實相當簡潔，只說佛陀離世至三國時代已近千年，阿育王便為佛陀的舍利子興建了八萬四千座佛塔。如今，佛陀的舍利還不知又要流落到何處呢？

孫權聽了，便下令要康僧會於七日之內求得佛陀舍利；要是真能求得，便為他興建寺院，讓他可在江東傳播佛法；如果求不成，康僧會就得接受國法處置。

經過一番曲折之後，奇蹟出現了，到了第三個第七日的五更時，天上不僅出現五彩祥雲，還空降了一顆綻放著五彩光芒的舍利子。孫權的大臣們全都聚集在一旁，觀看這五彩放光的舍利子，人人都感到驚奇。

求得舍利後，康僧會立即獻予孫權。在這幅壁畫中特別畫了一個大帳，表示康僧會是在大帳內求得佛陀舍利。帳內的蓮座上（或銅瓶內），有著綻放五色光芒的舍利；帳外，則是康僧會向孫權進獻並介紹舍利。

繪者又特意在壁畫中突出了天降舍利所散發的五彩光芒；除了表現佛法的威力和殊勝，也意在表示，孫權正是因為見到如此異象，才相信了康僧會，而願意為佛教的傳揚提供最大的幫助。意即，在三國時期，康僧會之所以能成功地在建業傳播佛法，能經由虔敬地專一致志而求得舍利，可說是最為重要的關鍵。

整幅壁畫展現了三點：第一、孫權的引進佛教；第二、孫權護持佛教與建佛寺；第三、孫皓毀佛悔改。這既是整個東吳王朝三代（孫權、孫亮至孫皓），由信佛、護佛到毀佛、最終悔改的波瀾壯闊歷史事件，同時也記錄了康僧會從交趾來到建業傳法的大致歷程。

唐初繪者在莫高窟特意畫下了這幅壁畫，就是為要紀念康僧會在中國佛教史上所開創的重要局面。此外，這幅畫也說明了，佛教的傳播除了從北方的陸路傳入，康僧會也開啟了一條由水路至漢地傳播的重要途徑。

原屬於康居國的康僧會，因其祖上早已移居至天竺經商，致使其家族自然而然地熟悉也掌握著異國的語言和風俗；更可貴的是，康僧會家族的移民史及其移民途徑，正巧又是佛教的發源及傳播的最重要路徑。

以上這兩項奇妙的因緣已是十分難得，之後其父康北沙又再走海路，來到中國的交趾經商，並遇上對中國文化傳播最為致力的交州郡守士燮，使得在交趾出生、受教及長成的康僧會，足以在四十歲時便將儒、釋、道三教思想融會貫通。

康僧會受教和成長的環境，正是當時全中國政、經條件最為優渥及安定的據點。此外，北方大量的知識分子多避難於此，並受到太守士燮的禮遇，使得康僧會足以幸運地受到比其他地方優越的成長和學習環境。

即便如此，康僧會若無異於常人的天賦異稟、無超越常人的刻苦學習，以及他早已洞察世態、卻能生起非常人所可有的慈悲心；縱使康僧會的受教及成長背景再好，仍無法在三國時期成為佛法在江南傳播的奠基人。

顯然，一切的因緣無論多具足，自身是否有此願心，才是能否成就這項偉業的最重要關鍵。

一、令佛教中國化得以在漢地扎下堅實根基

敦煌石窟第三二三窟北壁西側所繪製的《張騫出使西域圖》，雖將佛教傳入中國的歷史推前至西漢的武帝時期，但佛教在當時卻還未形成為人知曉的概念。直到東漢明帝永平十年，漢明帝因夜夢金人，才使得兩位印度高僧迦攝摩騰和竺法蘭得以從大月氏進入洛陽，在白馬寺裡翻譯佛經。

然而，兩位僧人所翻譯的佛經也只被藏於宮中石室，加上譯經多靠記誦，以至所翻譯的佛經多半都不完整。因此，即便有朝廷支持，佛經和僧人也已傳入，佛教的傳播卻難以形成具體影響。

過了八十年，終於來了兩位精通漢語、又能貫通儒釋道三家經典的異域高僧安世高和支婁迦讖；以及之後從北方南下至交趾避難的牟子，以儒、道兩家思想為佛理護持，而寫下了《牟子理惑論》。不過，戰亂太過頻繁，使得三人所致力發展的佛教中國化，因為無法得到一堅固的營壘，難以在漢地形成足夠的根基。

近一百年後，已完全貫通儒釋道三家思想、也到了不惑之齡的康僧會，對大、小乘佛法亦有著超越前人的認識。於是，他便一肩扛起佛教中國化的重責大任，無怨無悔地忍常人所難以忍受的苦，走水路北上至建業，面見一手導致交趾失去原有安定繁華的孫權，教導了足以拯救其根性的佛法。

康僧會的大慈大悲，及其學養具足的超越智慧，皆使他既能選定和翻譯出最適宜格義佛教初步奠基的佛教經典，也能讓三國時期的東吳屬地成為佛教傳播的搖籃。這是佛教在中國發展初期，佛教因「格義化」而得以受帝王貴胄及知識分子了解與護持，由此形成一足夠延續發展根基的重要歷史樞紐。

二、使「寺」逐漸成為佛教道場專屬名詞

自康僧會求得舍利後，孫權因此神蹟，開始信仰佛教，也為康僧會建造一座專屬佛教的寺院——建初寺。因此，敦煌莫高窟第三二三石窟的《康僧會建業布教圖》中，在壁畫的右上方才會畫著康僧會正在督建寺院，寺院

也已初見規模。興建建初寺，是孫權信仰及護持佛教的表徵；這雖是屬於王公貴族才能參拜的寺院，卻在中國佛教史上起了極重要的影響。

因為，自此以後，「寺」終於可從秦、漢時期的官署專名中逐漸退出，成為「佛寺」的專屬名稱。佛寺一旦有了專屬地位後，既可更精準地傳揚佛法，還能廣興寺院及佛塔，使佛教的教義得到更多的宣講空間。佛教若要從格義形式走向純粹佛法，興建佛寺絕對是不可缺少的極重要一環。

佛經的翻譯，是佛法得以傳入中國的重要根基，佛寺的建立則是使這根基能有了向上興建和成長的助力。有了佛寺，僧人便有可專門用於修行、譯經及弘揚佛教的處所；在城市當中的佛寺也可形成一引人關注的坐標，讓人可在心靈徬徨時可找到一安心的依歸。

這個根基，是由康僧會來奠定和形成，之後才會形成唐代詩人杜牧所形容的：「南朝四百八十寺，多少樓臺煙雨中。」江南如雨後春筍般興起的寺院，不僅為中國的傳統建築立下了美好的傳承根基，也讓佛教中國化的建設得以更豐富地滋長。

三、使佛教的因果報應觀念深切扎根

由於孫權為康僧會大力護持佛法，讓康僧會得以有充分的資源去推動佛經翻譯、製作梵唄、以及在江南興建寺院等傳播佛法之大業。

遺憾的是，孫權與康僧會的因緣只有短短五年；之後繼位的少主孫皓，不僅根性頑劣，還極力地想毀寺滅僧，致使尚未完全立穩腳跟、不及廣傳的佛教，得面臨著突如其來的巨大危機。

這個危機若沒及時化解，康僧會在江南所苦心經營的佛教事業，恐怕就得瞬間化為灰燼。既要維持尊君傳統，還得讓如此頑冥不化的孫皓，將對佛法的敵意化解；所幸康僧會能以最超越的智慧，將儒家經典中最是接近因果報應的思維，應對少主孫皓，講述最淺顯的佛理。終於孫皓被其感化，不僅重修建初寺，還使康僧會的佛經翻譯工作得到最好的支持。

四、為宋明理學的開展，奠定了紮實根基

中國的禪宗，可說就是在「佛教中國化」的大背景下，開創出的佛教漢地化新面目。這個新宗派，讓美好的佛教智慧與中華文化在其中不斷地綿延及開展，間接形成了各方面的美學及藝術，甚至成為全球風靡的新思想與新文化。

到了宋代，宋明理學雖是為振興儒學而起，但從宋代開始，卻形成了涵

蘊儒、釋、道三教義理的學術體系。就連注解《道德經》，儒家的學者也會在不知不覺中用儒、釋、道相互貫通的思想來詮釋。這是讓中國傳統學術及思想進行嶄新開展的新契機，也是讓中華傳統文化得以醞釀出新生命的重要養料。

這些美好的成果，都是在中國的山河大地中，不斷地激盪、不斷地相互融合，所形成的豐盛成果。這些豐盛的成果，雖有著世世代代的知識分子參與，但康僧會對佛教中國化的努力，可說是其中極不可或缺的重要養料。

五、使佛像具體化，成為佛教寺院的信仰象徵

自康北沙將佛陀畫像帶進交趾後，佛陀聖像才終於來到中國；待四十歲的康僧會將佛像帶進建業，且在建業以佛像傳道，並在建初寺裡塑造佛像，

使佛像終於成了寺院必要的信仰象徵。

當然，佛像的莊嚴和慈祥，到了唐代也成了中國佛教史上的重要一頁。其中，位於洛陽的龍門石窟，在西山南部的山腰處開鑿的一尊通高一七點一四公尺、高大莊嚴的「盧舍那大佛」，是最具典範的代表。這尊「盧舍那大佛」的藝術之美，早已遍傳世界，也被列入了世界文化遺產。這是佛教中國化才可能形成的藝術和文化成果；而其最早的根源，則是起源於康僧會和康北沙父子。

近年，在武昌蓮溪寺的東吳墓中，竟發現了受印度佛教影響所雕塑的四件陶俑。由此可想見，自康僧會將佛像實體化後，在整個東吳地區竟可形成如此巨大的影響。可見，無論百姓是否真的認識佛法，在康僧會的影響下，多多少少也能對佛教產生了相當的好奇和景仰，在墓裡才會出現如此的歷史現象。

六、使佛法的傳承有了嫡脈體系

在現今南京的大報恩寺遺址南側的三藏殿遺址處，有一座以明、清院落重新復建的「建初寺」。這座建於二〇一四年的建初寺，裡邊的祖師堂就設置了各代祖師大德的牌位，包括康僧會、慧達、玄奘、僧祐、可政、憨山、雪浪、古馨、三昧、月霸、諦閑等大師。

此外，寺裡還製作了一份《建初寺歷代高僧譜系圖》，詳細記載了自三國時期的祖師康僧會，到現今的「本寺堂上隆江大和尚」等所有祖師大德，歷時長達一千七百多年。不僅讓我們看到了佛教在中國的傳承體系和脈絡，也看到佛教在中國扎根後開展出的豐美成果。後繼高僧不斷傳承，終令佛教在中國形成一脈極重要的信仰與修行體系。

附錄

康僧會大師年譜（西元二〇七至二八〇年）

歲數	西元	帝號、年號
一歲	二〇七	漢獻帝建安十二年
	康僧會於交趾郡出生。	
十歲	二一七	漢獻帝建安二十二年
	父母雙亡，即剃度出家。	
十三歲	二二三	吳大帝孫權黃武二年
	支讖開始從事譯經工作。	
十九歲	二二六	大帝孫權黃武五年
	交趾太守士燮病逝，享年九十歲。士徽死，交州徹底歸孫權掌握。自此廣州被納入交州，由呂岱擔任交州刺	

史。

交州刺史呂岱派出使者朱應及康泰，往林邑、扶南等地進行聘問。

二十二歲 二二九 大帝孫權黃武元年

孫權稱帝，三國鼎立形勢正式成立。

支識因逃難而南下至東吳首都建業（今南京）。

三十歲 二三七 大帝孫權嘉禾六年

孫權因目睹「赤烏集於殿前」，便把年號改為「赤烏」。

四十歲 二四七 大帝孫權赤烏十年

北上至南京弘法。因求得舍利，得以傳法孫權，孫權為其興建建初寺及阿育佛塔。

受教於陳慧。

學習支讖大乘佛法

於建初寺譯經並作《泥洹唄》。

四十五歲　二五二　大帝孫權太元元年
四月，孫權去世。
於建初寺編譯《六度集經》。
四十九歲　二五六　廢帝孫亮太平元年
宗室孫綝大毀佛寺，斬殺道人。
於建初寺譯經
五十七歲　二六三　景帝孫休永安六年
吳交趾民起義
於建初寺譯經
五十八歲　二六四　景帝孫休永安七年、末帝孫皓元興元年
八月初三，孫皓即位。
嚴修苛法，欲毀佛寺。
康僧會以因果報應教導孫皓。

於建初寺譯經

七十三歲

二八〇　末帝天紀四年、西晉武帝太康元年

四月，孫皓投降西晉。

九月，康僧會「遘疾而終」。

參考資料

一、古籍

梁．釋慧皎，《高僧傳》，西安：陝西人民出版社。
唐．姚思廉，《梁書》，北京：中華書局。
晉．陳壽撰、南朝宋．裴松之注，《三國志》，北京：中華書局。
漢．司馬遷，《史記》，北京：中華書局。
劉宋．范曄撰、唐．李賢等注，《後漢書》，北京：中華書局。
唐．李延壽，《南史．夷貊上》，北京：中華書局。
西漢．陸賈撰，王利器校注，《新語校注》，北京：中華書局。
梁．僧祐，《弘明集》，北京：中華書局。
三國．康僧會譯，蒲正信注，《六度集經》，成都：巴蜀書社。

梁・僧祐撰，蘇普仁、蕭子點校，《出三藏記集》，北京：中華書局。
唐・許嵩，《宋本建康實錄》，北京：國家圖書館出版社。
明・葛寅亮著，何孝榮點校，《金陵梵剎志》，天津：人民出版社。
清・悟明著，陳平平、李金堂、胡曉明校點，《敕建報恩寺梵剎志》，南京：鳳凰出版社。
清・釋道淵著，《龍華志共讀樓鈔本》，上海：社會科學院出版社。
越南・吳士連撰，《大越史記全書》，重慶：西南師範大學出版社。
越南・黎則撰、吳尚清點校，《安南志略》，北京：中華書局。
越南・越南阮朝國史館，《大南一統志》，重慶：西南師範大學出版。

二、專書

任繼愈，《中國佛教史》，北京：中國社會科學出版社。

湯用彤，《漢魏兩晉南北朝佛教史》，北京：北京大學出版社。
王鐵鈞，《中國佛典翻譯史稿》，北京：中央編譯出版社。
梁啓超，《佛學研究十八種》，北京：商務印書館。
周叔迦，《牟子叢殘新編》，北京：中國書店。
陳國強，《百越民族史論集》，北京：中國社會科學出版社。
朱俊明，《百越史研究》，貴州：貴州人民出版社。
何光嶽，《百越源流史》，江西：江西教育出版社。
梁啓超，《中國佛教研究史》，北京：中國社會科學出版社。
——《中國佛教十六講》，北京：長征出版社。
馮承鈞，《中國南洋交通史》，上海：上海古籍出版社。
陳國保，《兩漢交州刺史部研究》，雲南：雲南大學出版社。
譚世保，《漢唐佛史探真》，廣州：中山大學出版社。
南懷瑾，《禪宗與道家》，北京：東方出版社。

吳海勇注釋，《六度集經》，廣東：花城出版社。
方立天，《中國佛教與傳統文化》，臺北：桂冠圖書股份有限公司。
吳海勇，《中古漢譯佛經敘事文學研究》，北京：學苑出版社。
印順，《初期大乘佛教之起源與開展》，臺北：正聞出版社。
丁敏，《佛教譬喻文學研究》，臺北：東初出版社。
中國民間故事文學集成全國編輯委會，《中國民間故事集成．浙江卷》，北京：中國 ISBN 中心出版。
杜繼文、任繼愈編著，《佛教史》，臺北：曉園出版社。
季羨林，《比較文學與民間文學》，北京：北京大學出版杜。
郭良鋆、黃寶生譯，《佛本生故事選》，北京：人民文學出版社。

三、期刊論文

熊昭明，〈廣西合浦縣大浪古城址的發掘〉，《考古》，二〇一六年八月。
呂凱，〈牟子之崇佛思想〉，《玄奘人文學報》，第四期，二〇〇五年二月。
吳桂兵，〈敦煌莫高窟三二三窟《康僧會感聖得舍利》與吳都建業相關問題〉，《南京曉莊學院學報》，二〇一六年五月第三期。
曹福華，〈建初寺的歷史沿革及其消亡〉，《江蘇地方誌》，二〇一三年第五期。
餘鵬飛，〈康僧會與東吳佛教〉，《襄樊學院學報》，二〇〇一年第三期。
歐崇敬，〈魏晉南北朝佛學的脈絡發展構造與歷程：中國佛學的基礎形構〉，《成大宗教與文化學報》，二〇〇四年十二月第四期。
何志國、李建南，〈試論康僧會與長江中下游吳晉佛像的關係〉，《佛教文化研究》，二〇二二年第二期。
周安慶，〈敦煌莫高窟第三二三窟《康僧會金陵布教圖》壁畫賞讀〉，《東方收藏》，二〇一七年第八期。
張富春，〈佛教史視閾下康僧會譯經之儒學化及其意義〉，《中州學刊》，二〇一六年第五期。
焦琳，〈以儒釋佛：康僧會及其翻譯的《六度集經》〉，《科技資訊》，二〇一〇年第二十八期。
稻岡誓純、心月，〈康僧會在中國佛教史上的地位〉，《法音》，一九九〇年第十二期。
楊容，〈試論康僧會與江南佛教的傳播〉，《中共鄭州市委黨校學報》，二〇〇八年第四期。
韓國良，〈論東吳高僧康僧會的佛學貢獻〉，《宗教學研究》，二〇一二年第一期。

四、碩、博士論文

釋慧源，〈康僧會禪學思想研究〉，宜蘭：佛光大學佛教學系，碩士論文，二〇二〇年。

阮鴻璝，〈康僧會漢譯佛典故事與東亞文化認同研究〉，上海：華東師範大學社會發展學院，博士論文，二〇二〇年。

江明娟撰，〈康僧會《六度集經》佈施度故事之研究〉，新北：華梵大學東方人文思想研究所，碩士論文，二〇一七年。

阮氏碧玉，〈康僧會在《六度集經》中菩薩思想之研究〉，新北：華梵大學東方人文思想研究所，碩士論文，二〇一〇年。

國家圖書館出版品預行編目(CIP)資料

康僧會大師：誠感舍利顯佛力／周美華編撰
臺北市：經典雜誌，慈濟傳播人文志業基金會，2025.01
400面；15×21公分─（高僧傳）
ISBN 978-626-7587-16-4（精裝）
1.CST:（晉）康僧會　2.CST: 佛教傳記
229.3311　113020585

康僧會大師——誠感舍利顯佛力

創 辦 人／釋證嚴

編 撰 者／周美華
主編暨責任編輯／賴志銘
行政編輯／涂慶鐘
美術指導／邱宇陞
插圖繪者／徐淑貞
美術編輯／蔡雅君
校對志工／林旭初

發行人·慈濟人文志業執行長／王端正
合心精進長／姚仁祿
主 責 長／王志宏

出 版 者／經典雜誌
慈濟傳播人文志業基金會
112019臺北市北投區立德路2號
客服專線／（02）28989000 分機1165、2145
傳真專線／（02）28989993
劃撥帳號／19924552　戶名／經典雜誌
印　　製／新豪華製版印刷股份有限公司
經 銷 商／聯合發行股份有限公司
231028新北市新店區寶橋路235巷6弄6號2樓
（02）29178022
出版日期／2025年1月初版一刷
定　　價／新臺幣380元